职业礼仪

主　编　王文燕　宋志华　何素梅
副主编　陈其莉

合肥工业大学出版社

图书在版编目(CIP)数据

职业礼仪/王文燕，宋志华，何素梅主编. --合肥：合肥工业大学出版社，2024.8
ISBN 978 - 7 - 5650 - 6349 - 7

Ⅰ.①职⋯ Ⅱ.①王⋯ ②宋⋯ ③何⋯ Ⅲ.①礼仪-基本知识 Ⅳ.①K891.26

中国国家版本馆 CIP 数据核字（2023）第 178220 号

职 业 礼 仪

王文燕　宋志华　何素梅　主编　　　　　　　　责任编辑　毕光跃

出　版	合肥工业大学出版社	版　次	2024 年 8 月第 1 版
地　址	合肥市屯溪路 193 号	印　次	2024 年 8 月第 1 次印刷
邮　编	230009	开　本	787 毫米×1092 毫米　1/16
电　话	理工图书出版中心：0551 - 62903204	印　张	10.75
	营销与储运管理中心：0551 - 62903198	字　数	255 千字
网　址	press.hfut.edu.cn	印　刷	安徽联众印刷有限公司
E-mail	hfutpress@163.com	发　行	全国新华书店

ISBN 978 - 7 - 5650 - 6349 - 7　　　　　　　　　定价：49.00 元

如果有影响阅读的印装质量问题，请与出版社营销与储运管理中心联系调换。

前　言

　　职业礼仪是每位从业者必备的基本素质，对于塑造个人品牌形象，提升服务质量、调节人际关系，推动个人职业发展具有至关重要的作用。良好的礼仪不仅体现个人素质，还能为企业树立良好的形象。职业礼仪是外在的行为规范，更是内心修养的体现，是获得他人尊重和信任的基础。它体现了不同行业的职场人士对待工作的态度、对待客户的热情和对待同事的尊重。

　　本书是广西壮族自治区品牌专业建设成果。编写团队在广泛调研和参考国内外优秀成果的基础上，结合旅游服务、高星级酒店服务、高铁乘务服务和航空乘务服务等服务类行业的实际需求，精心设计了本书的内容和结构，旨在为广大从业者提供实用性强、系统性高的职业礼仪教材。本书采用模块化编写体例，以任务为引领，开展课程学习和实践训练，可以帮助广大职场人士增强职业素养、规范服务行为、提高服务质量、增强职场竞争力。本书的特点主要体现在以下6个方面。

　　（1）响应时代，中西交融。本书紧密结合二十大精神，通过"礼仪警句""你知道吗"融入中华优秀传统文化和国际礼仪规范；通过对职场规范与职业素养的深入探索，积极响应劳动精神、奋斗精神、奉献精神、创造精神等时代精神。

　　（2）模块化设计，目标明确。本书采用模块化的编写方式，每个模块都围绕一个具体的职业礼仪主题展开，这种设计使得学习目标清晰，便于读者根据自身需求或行业要求，有针对性地选择学习模块，提高学习效率。

　　（3）任务导向，实践性强：每个模块以任务为导向，通过"任务案例"引入实际工作中的情景，激发读者的学习兴趣和解决问题的欲望。随后，"案例点拨"部分对案例中涉及的礼仪知识进行深入浅出的讲解，确保读者能够掌握关键要点。而"情景体验"环节则鼓励读者模拟真实场景进行练习，通过角色扮演、小组讨论等形式，将理论知识转化为实际操作能力，增强学习的实践性和有效性。

（4）结构合理，易于理解。全书结构严谨，每个模块由"任务案例""案例点拨""情境体验"和"思考练习"四个部分组成，形成了一个完整的学习闭环。这种结构不仅有助于读者循序渐进地掌握知识，还能通过"思考练习"部分检验学习成果，巩固所学内容。同时，各部分内容相互衔接，逻辑清晰，便于读者理解和记忆。

（5）内容丰富，贴近实际。本书在编写过程中广泛参考了专家学者的相关著作和论文，确保了内容的权威性和准确性。同时，编者们还结合旅游行业的实际情况，精心挑选了具有代表性的案例和情景，使得内容更加贴近实际工作，有助于读者更好地理解和应用所学知识。

（6）注重素养提升，全面发展。本书不仅关注职业礼仪的外在表现，更强调其内在修养的提升。通过系统学习和实践训练，读者不仅能够掌握规范的服务行为，还能培养出对工作的热爱、对客户的尊重以及同事间的良好协作精神，从而实现个人职业素养的全面提升。

本书由王文燕、宋志华和何素梅担任主编，陈其莉担任副主编，参与编写的人员有李媛春、苏宇、韦文珠、伍维、马一芳，参与拍摄的有罗尖尖、陈雨珊、贾子怡、李华鑫、罗佶、黎蓉、麦子怡、彭亮、庞正严、孙婷玮、王大方、吴俊霖、卫昕、夏屹江、邢小舟、张良聿、张小芹、赵晓晴、郝婧格、史轩昊、欧阳洋、文祖图。

本书在编写过程中，编者们广泛参考了专家学者的相关著作和论文，在此对这些文献的作者表示衷心的感谢。

我们期待通过本书的系统学习与训练，读者能够在职业礼仪方面达到新的高度。他们不仅能够提升个人的职业形象，还能为所在的企业和行业带来更多的正面影响。

由于编者水平有限，书中不足之处还往广大读者提出宝贵意见和建议。

王文燕

2024年8月

目　录

二维码索引

页码	微课名称	二维码	页码	微课名称	二维码
007	认识职业礼仪		053	鞠躬礼仪	
012	培养职业礼仪意识		054	手势礼仪	
024	服务人员的化妆方法		061	握手礼仪	
031	服务人员的着装要求		065	如何微笑	
036	站姿礼仪		075	介绍礼仪	
042	坐姿礼仪		079	语言(沟通)礼仪	
044	走姿礼仪		086	电话礼仪	
047	蹲姿礼仪		090	信函礼仪	

页码	微课名称	二维码	页码	微课名称	二维码
092	电子邮件的使用礼仪		120	展览会礼仪	
106	会议茶水服务礼仪		130	中餐位次的排列	
110	洽谈会礼仪		139	西餐餐具使用礼仪	
115	新闻发布会礼仪				

模块一　职业礼仪基础

▶模块介绍

　　在现代社会中，职业礼仪已成为日常工作中必不可少的交流工具，职业礼仪是职场人员开展职场活动的金钥匙，是职场活动的通行证，有利于塑造良好的个人形象和企业形象，是从事职场活动的基本行为准则。运用职业礼仪除可使自己在工作中充满自信、处变不惊外，还能帮助人们规范彼此的交际行为，更好地向交往对象表达自己的尊重、友善之意，增进彼此之间的了解和信任。

▶学习目标

① 了解职业礼仪的定义。

② 理解职业礼仪的内涵。

③ 培养职业礼仪意识，提升综合职业素养。

④ 认识和了解不同客户的需求，能完成一般的接待任务。

▶礼仪警句

国尚礼则国昌，家尚礼则家大，身有礼则身修，心有礼则心泰。

——清·颜元

▶礼仪观点

　　在沈阳假日酒店里，当一位加拿大籍华人客人外出时，他的一位亲戚来找他，并提出进房间去等候。由于宾客事先没有留言交代，总台服务员没有答应其要求。

　　这位加拿大籍华人回来后看见亲戚坐在大堂沙发上等候，十分不悦，马上走到总台，大声训斥服务员。前厅部张经理闻讯赶来，刚要开口解释，客人便把她作为泄怒的对象，指着她呵斥起来。当时张经理头脑很冷静，她明白，在这种情况下，做任何解释都是毫无意义的，反而更会招致客人的不满，于是就采取冷处理的办法，让这位客人尽情发泄，自己则默默地看着他并"洗耳恭听"，脸上始终保持一种亲切友好的微笑。一直等到客人把话说完，平静下来后，张经理才心平气和地告诉他酒店的有关规定，并对刚才发生的事情表示歉意。在她的解释下，客人渐渐平静下来，并诚恳地表示："你的微笑征服了我，我刚才情绪那么冲动，很不应该。"并表示下次还会来这家酒店入住。

32岁的张经理是五年前入职该酒店的，先当前台服务员，后来出任前厅部经理。微笑服务是该酒店员工培训中的一项基本功。开始她怎么也笑不出来，经过训练后才慢慢有了笑容，但很勉强，有时笑得不自然，有时则笑得过了头，效果不理想。有一次在与一位客人交谈时，竟放声大笑起来，引得在大堂的客人观望。

后来，经过反复的服务实践，她深切地体会到微笑作为酒店服务人员必备的技能，不但需要反复练习，而且需要倾注真实的情感，真正把客人当作心目中的"上帝"和自己的亲人，只有这样，才会发出亲切自然的微笑，既不会笑不出来，也不会笑过了头。

现在，每当张经理在工作岗位时，总是能将微笑挂在脸上，并用真诚的微笑服务去感染每位宾客。

（资料来源：刘伟. 旅游职业礼仪与交往 [M]. 2版. 北京：旅游教育出版社，2022.）

观点：服务业的迅速发展，导致服务市场的竞争日益激烈。任何一个服务企业，在这样的环境中求生存、谋发展，最根本的条件是具有良好的服务质量。一个服务企业，怎样才能创造良好的服务质量？提高从业人员的职业素质和能力是非常重要的一环。要实现这样的要求和目的，就需要依靠规范化的职业礼仪。

任务1-1 认识职业礼仪

▶ 任务案例

在一个秋高气爽的日子里，迎宾员小贺穿着一身剪裁得体的新制服，第一次独立地走上了迎宾员的岗位。一辆白色高级轿车向饭店驶来，司机熟练而准确地将车停靠在饭店豪华大转门的雨棚下。小贺看到后排坐着两位男士、前排副驾驶座上坐着一位身材较高的外国女宾。小贺一步上前，以优雅姿态和职业性动作，先为后排顾客打开车门，做好护顶关好车门后，又迅速走向前门，准备以同样的礼仪迎接那位女宾下车。但那位女宾满脸不悦，使小贺不知所措。通常后排座为上座，一般凡有身份者皆在此就座。

（资料来源：陈刚平，周晓梅. 旅游社交礼仪 [M]. 4版. 北京：旅游教育出版社，2015.）

讨论分析：

①优先为重要顾客提供服务是饭店服务程序的常规，这位女宾为什么不悦？

②小贺错在哪里？

③这个案例给你的启发是什么？

参考答案：

①在西方国家流行着这样一句俗语："女士优先。"在社交场合或公共场所，男子应经常为女士着想，照顾、帮助女士。诸如：人们在上车时，总要让妇女先行；下车时，则要为妇女先打开车门；进出车门时，主动帮助她们开门、关门等。西方人有一种形象的说法："除女士的小手提包外，男士可帮助女士做任何事情。"迎宾员小贺未能按照西方通行的做法先打开女宾的车门，致使那位外国女宾不悦。

②小贺错在机械地执行了服务程序和标准，缺乏作为一名服务人员所应当具有的反应能力和机智灵活，没有正确处理服务规范与文化差异之间的关系。

③这个案例给我们的启示：当被服务对象发生某些变化时，服务人员应当能够在基本服务程序的基础上灵活应变，提供适时适度、带有针对性的服务。例如，在中国文化传统中，有比较浓厚的官本位色彩，这就要求服务遵循先上级后下级的服务原则。西方文化崇尚女士优先、老幼优先、残疾人优先的传统习惯。因此，迎宾员在工作中既要懂得如何执行酒店的服务规范，又要了解东西方不同的文化背景。只有这样，服务工作才能灵活自然、得心应手，并受到客人的欢迎。

一、职业礼仪的定义

礼仪是一门交往的艺术，是待人接物之道。人们可以根据各式各样的礼仪规范，正确把握人际交往尺度，处理好人与人之间的关系。如果没有这些礼仪规范，那么往往会使人们在交往中感到手足无措，以致失礼于人，贻笑大方。职业礼仪是指在职场人际交往中，自始至终以约定俗成的程序和方式来表达律己敬人的行为规范与准则。

从个人修养的角度来看，职业礼仪可以说是一个人内在修养和素质的外在表现。

从交际的角度来看，职业礼仪可以说是职场人际交往中适用的一种艺术、一种交际方式，是人际交往中约定俗成的示人以尊重、友好的习惯做法。

从传播的角度来看，职业礼仪可以说是在职场人际交往中进行相互沟通的技巧。

二、职业礼仪的内涵

职业礼仪的内涵如图1-1-1所示。

1. 尊重是核心

尊重服务对象是职业礼仪的核心内容。尊重指对对方表示敬意。服务人员只有真正地在头脑中建立起尊重服务对象的理念，才会有尊重服务对象的行为。

服务是真诚地尊重他人所表现出来的外在形式。当企业的每个人都能发自内心地尊重每位顾客时，就一定能够将服务做到完美的程度。服务人员必须善于接受对方、重视对方、

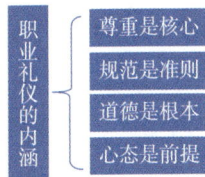

图1-1-1　职业礼仪的内涵

赞美对方，即"三A"原则。这是服务人员待人接物的基本原则。

"三A"原则是商务礼仪的立足资本，是由美国学者布吉尼教授提出来的。"三A"原则是三个以A开头的英语单词的简称，即"接受（accept）服务对象""重视（attention）服务对象""赞美（admire）服务对象"，如图1-1-2所示。

接受服务对象 → 重视服务对象 → 赞美服务对象

图1-1-2　"三A"原则

（1）接受服务对象。服务人员要发自内心地尊重服务对象，如服务行业中的"顾客至上"。客人中有各种各样的人，但都是我们服务的对象。服务人员要接受服务对象的外表、个性、信仰、穿着打扮和合理要求，以不违背基本道德和法律为前提。总之，服务人员要放下自己的看法、观点、判断和主张，尽最大可能地接受和满足他们的需求。

有一位研究服务人际关系学的专家曾说过："客人不是评头论足的对象；客人不是比高低、争输赢的对象；客人不是'说理'的对象；客人也不是'教育'和'改造'的对象。"

心理学上的接纳理论指，每个人心中都有某种强烈渴求被接纳的期望："请接纳我吧！虽然你我有差异，但是请你接纳我吧！因为如果你接纳我，那么我就会接纳我自己，我们的关系便能从这个基础开始，然后慢慢建立起我们之间的默契。"但是，这一切都必须以我被接纳为前提。

（2）重视服务对象。只有发自内心地重视别人，才可以受到别人的重视。重视服务对象就是让他觉得他像大人物一样被重视。如何使客人有备受关注、受重视的感觉呢？可以采用记住客人的姓名、善用尊称称呼客人、用对方的母语打招呼、善于倾听客人的需求等方式。

▶ 案例点拨

一天晚上，一位三十多岁、服饰考究的香港女客人，面带怒色地找到酒店大堂余副理，投诉说："先生，我刚才回房发现自己放在卫生间里的一瓶护发液不见了，肯定是被服务员给扔掉了！"余副理马上说道："对不起女士，给您添麻烦了。那么您是否可以使用本酒店提供的洗发液？""不行啊，我多年来一直使用那种法国的名牌护发液，所以外出旅行也带上它，其他洗发液我不习惯使用。"余副理见出现了僵局，觉得应该先到现场调查一下再说，于是他对客人说："女士，您可以带我到房间去看看情况吗？""好吧。"客人答应道。

余副理跟着那位香港女客人走进她客房的卫生间，见洗漱台上整齐地摆放着客人的日常用品和化妆盒，只是没有护发液。余副理马上把当班服务员小李叫来，问她是否见到客人的一瓶护发液。小李承认是她处理掉的，因为她从半透明的瓶子看到瓶底只剩一点护发液，估计客人没什么用了。客人表示，恰恰这最后一点护发液是她留着最后一晚用的，明天她就乘飞机回香港了。

到这里，事情的真相已完全清楚了。为了打消客人的怨气、使客人满意，余副理当即表示："这件事确实是我们酒店的过错。给您带来麻烦，实在抱歉。女士，看来这种外国护发液在本地没有卖的，是否可以这样办，我们照价赔偿，今天晚上您就使用本酒店的洗发液吧。其实，本酒店的洗发液质量也是不错的，您试用后或许会喜欢的。"客人见余副理赔礼道歉，态度诚恳，气便消了，又想到并没有受到太大经济损失，只是生活习惯受到一点影响，让酒店赔偿未免过分，便对余副理说："先生，您这么说，我就不好意思了，赔偿就不必啦。只是委屈您了！"余副理歉意地说："没关系。"最后，客人完全原谅了酒店的过失。

（资料来源：杨红颖，王雪梅. 旅游服务礼仪［M］. 重庆：重庆大学出版社，2016.）

点拨分析：对客服务时，如果出现差错，要及时用语言艺术巧妙弥补差错。客房服务是高星级酒店服务中很重要的一部分，要求服务员熟悉客房服务的各种日常服务礼仪，整理客人住的房间时，切不可随意扔掉客人的书报杂志，即使是花束、纸条等，未经客人允许，也不得随便扔掉。若因清扫需移动，应在清扫完成后将原物归原处，小心轻放，不要有损，万一损失，就要勇于承认，立即通知领班，避免引起客人更大的不满。

本案例处理方法的优点是：①服务员出错，因事故较大，副理出面解决，显示了酒店对事故的重视和对客人的尊重；②副理注意研究客人心理，照价赔偿客人的护发液，并且态度诚恳地道歉，满足了客人愿意被重视、被尊重的心理，给足了客人面子，以情动人，以理服人，最终圆满地解决了这棘手的事情。

▶ **案例点拨**

有一次在一条支线航班上，乘务员发现一老人带着小孙子坐飞机，一路上老人都不吃东西，把餐食装到了自己的口袋。乘务员问为什么，她说从机场到家还要坐好几个小时的车，怕娃饿所以自己就不吃了。乘务组让她安心填饱肚子，把剩余热食保温，落地后给她打包带走。

（资料来源：根据相关网络资料整理而得）

点拨分析：一个简单的举动，却让旅客备受感动。因此，善于倾听客人的需求，不仅仅是服务礼貌的要求，更是完美服务的体现。

（3）赞美服务对象。俗话说：赞美之于人心，犹如阳光之于万物！适度的赞美可沟通感情、协调关系。

▶ **案例点拨**

5月2日晚，二楼包间迎来了一对新人的答谢宴，新人早早地来到店里进行准备，我接过客人自带的酒，带客人到房间落座，并倒上茶水。客人自己准备了视频，我安排在大屏幕上循环播放，房间氛围很好。我跟客人确定好菜单后陆续上凉菜，客人们相继到店，客人们对新人送上祝福。因为来的女士较多，我撤掉了白酒杯，为女士们倒上饮料。聚餐中，我协助服务，不断清理台面，注意添加茶水等。热情周到的服务得到了客人们的认可。"聚餐就来宴天下，这里的服务让我心情很好。"一位客人说道，听到客人们的夸赞，我更加努力地服务客人，希望大家常来我们店用餐。

点拨分析：服务客人时要注重技巧，要赞同对方，要善于发现对方之长和彼此共同之处，并及时加以肯定，既不要自高自大，也不要曲意奉承。例如，胖可讲丰满；瘦可讲苗条；老人可讲成熟、阅历深；年轻人可讲朝气蓬勃、青春洋溢；学历高者可讲专家学者；学历低者可讲社会经验丰富；性格外向者可讲直率、热情；性格内向者可讲深沉、内秀；等等。

2. 规范是准则

没有规矩，不成方圆。职业礼仪主要以服务人员的仪容、服饰、语言规范及岗位规范为基本内容。服务人员只有掌握了服务过程中正确和不正确做法的区别，才能更好地进行服务，让客人满意。规范服务要求服务人员为服务对象提供标准化、正规化的服务。这就需要苦练基本功，掌握娴熟的服务技能和技巧。

▶ **案例点拨** ▶

某公司新品上市召开新闻发布会。一名记者在提问时就该公司曾发生的质量问题要求发言人做解释。发言人先称"无可奉告"，被该记者数次质问后，竟恼羞成怒地宣布该记者为不受欢迎的人。其他记者见状纷纷离席。

思考：

（1）为何其他记者纷纷离席？

（2）发言人在答记者问时应注意什么问题？

3. 道德是根本

"德是礼的灵魂。"职业道德是从业人员在一定的职业活动中应遵循的、具有自身职业特征的道德要求和行为规范。遵守职业礼仪，提高服务质量，必须倡导和树立良好的职业道德风尚。没有良好的职业道德来约束服务人员的行为，职业礼仪的规范内容将形同虚设，服务工作的质量将大大降低。

以酒店服务人员应具备的职业道德规范为例，其基本要点如下。

1）对待工作

① 热爱本职工作，乐于为顾客服务，忠实履行自己的职责。

② 遵守规章制度。

③ 自洁自律，廉洁奉公。

④ 不利用掌握的权力和工作之便贪污受贿或谋取私利。

⑤ 不索要小费，不暗示、不接受客人赠送物品。

⑥ 自觉抵制各种精神污染。

⑦ 不议论客人和同事的私事。

⑧ 不带个人情绪工作。

⑨ 以集体主义为根本原则，正确处理个人利益、班组利益、部门利益和企业利益的相互关系。

⑩ 具有团结协作精神。

⑪ 爱护公共财产。

2）对待客人

① 全心全意为客人服务。

② 诚恳待客，知错就改。

③ 对待客人一视同仁。

微课　认识职业礼仪

4. 心态是前提

礼由心生。对服务人员而言，往往心态决定一切。通常只有调整好心态，才能真正地做好服务工作。一个心态非常积极的员工，无论从事什么工作，都会把工作当作一项神圣的职责，并怀着浓厚的兴趣把它做好；而一个心态消极甚至扭曲的员工，只会把工作当作累赘，当作让自己不快乐的源头，当作敌人一样地去对待。你能做到随时调整自己的心态并积极工作吗？怎样拥有积极的心态？

> **案例点拨**
>
> 小张，一个朝气蓬勃的年轻人，刚毕业便踏入了竞争激烈的职场。作为新人，他不得不面对来自各方的压力与期望，以及接踵而至的工作挑战。
>
> 他深知职场竞争激烈，要想脱颖而出就必须不断提升自己。因此，他总是保持着一颗进取的心和积极的心态，主动寻求各种学习和培训的机会。无论是参加公司组织的内部培训，还是自费报名参加外部专业课程，他都积极的地投入时间和精力。小张始终保持一颗对工作敬畏的心，积极、正面的面对工作中的问题。他这种对知识的渴望、对进步的追求，使他在迅速成长为一位全面发展的职场精英。
>
> **点拨分析：** 每个人想干出一番惊人的业绩，除了自身有很好的基础和底蕴外，还必须对工作、对知识、对良师益友始终保持一个敬畏的心态。积极的、不断的学习，与时俱进。

综上所述，敬是礼的核心，德是礼的灵魂，规范是礼的保证，心态是礼的前提。这是学习职业礼仪时至关重要的点。

情景体验

体验一：场景模拟

场景1：在某餐厅里，一位太太火气很大的对服务员说："这是什么菜！打死卖盐的啦？还是成心要把人咸死啊？"

场景2：有几位客人，在客房里吃瓜子、花生，弄得桌面上、地毯上都是瓜子壳、花生壳。

如果你是服务员，对于以上两种场景，你应该如何做？如何说？

场景3：头等舱乘务员为旅客服务时，不小心将一杯咖啡洒到一名商务旅客的衬衫上。这名旅客正在用笔记本电脑办公。乘务员赶紧道歉："先生，真的很抱歉，把您的衣服弄脏了，实在对不起。"然而，这并不能平息旅客的不满，因为他将要在下飞机后穿着这身衣服赶去开会。乘务长看到这一切后……

（资料来源：周为民，孙明. 民航乘务员素质培养与形象礼仪［M］. 北京：清华大学出版社，2021.）

体验回答：如果你是乘务长，那么你该如何处理这种情况？请将处理意见填写于下方。

_____

_____

_____。

体验二：接待客人训练

按照表1-1-1中的目标和步骤完成接待客人相关训练。

表1-1-1　接待客人相关训练

内容	职业礼仪之接待客人
目标	（1）理解职业礼仪的内涵 （2）提高分析问题能力、合作能力
步骤	（1）学生自由组合，3～4人为一组 （2）参考任务1-1中的相关案例进行 （3）针对问题，进行讨论 （4）用张贴板展示小组成果（提示：开车门顺序、座次安排、女士优先，体现的礼仪内涵） （5）教师总结

体验三：自测——你是否有一个积极向上的心态？

（1）当你下定了决心，如果没有人赞同，你是否会坚持做到底？

（2）如果店员的服务态度不好，你是否会告诉他们经理？

（3）你是否经常欣赏自己的照片？

（4）别人批评你，你是否会觉得难过？

（5）你很少对人说出你真正的意见吗？

（6）对别人的赞美，你持怀疑的态度吗？

（7）你总是觉得自己比别人差吗？

（8）你对自己的外表满意吗？

（9）你认为自己的能力比别人强吗？

（10）你是个受欢迎的人吗？

请给自己打分，"是"得1分，"否"不得分。

【参考答案】

分数为6~10分：你具有积极的心态，明白自己的优点，同时清楚自己的缺点。但如果你的得分接近10分，别人可能会认为你很狂傲，你只有谦虚一点，才会受人欢迎。

分数为3~6分：你的心态比较积极，但是你或多或少地缺乏安全感，会对自己产生怀疑。你要常提醒自己，在优点和长处各方面并不比别人差，要有信心。

分数为3分以下：你的心态很消极，过于谦虚和自我压抑，因此经常受人支配。你尽量不要去想自己的弱点，只有先学会看重自己，别人才会真正看重你。

体验四：小游戏

全体成员站成一个圆，手中的绣球抛到谁，谁就要真诚地赞美对方，可以从任何方面进行赞美，如外貌、气质、性格、能力、具体的事情等。

赞美时的要求：真诚、有目光交流，赞美要具体、有针对性。

思考练习

① 什么是职业礼仪？
② 如何理解职业礼仪的内涵？
③ 服务中的"三A"原则是什么？

任务1-2 认识并培养职业礼仪意识

▶任务案例

朋友的奶奶患有阿尔茨海默病，爱念叨，时不时犯病。

有次，在杭州一家酒店，奶奶突然找不到了。从监控中看到，奶奶出了酒店又进了酒店，家里人都很着急，一个小时以后终于在厨房找到了奶奶。厨房师傅说，奶奶说爷爷最爱吃馄饨，酒店外找了一圈没找到，拜托他做点。已经下班的师傅特地为她做了一份。做的时候，奶奶拿出爷爷的照片，一直看着。朋友跟家人找到的时候，奶奶说："你爷爷等不及了，快端上去。我得给师傅付钱，他忙活了这么久。"

奶奶对师傅说："我家那口吃饭挑剔，给你添麻烦了。"师傅说："没事，下次再带老爷子一起来，放很多虾仁，他就不挑了。"奶奶点点头。

离开酒店的时候，奶奶执意要再去趟厨房。朋友陪着一起。奶奶跟师傅说："四十年前，我们就住这附近的小旅馆，现在都拆了。当时来给他妈看病，买的馄饨全分给他妈和我，他自己只喝汤。那会穷，没吃上好的，后来生活刚好，他又走了。谢谢你。"奶奶一直说着，好像要将过去几十年的话一口气说完。

整整四十分钟，师傅放下手里的活，安静地听着，点头，神情耐心又尊重。临走时，师傅送奶奶一盒点心。说养好身体，好好玩。

朋友说，那四十分钟，师傅给奶奶的那份耐心和尊重，她的家人都没给过。

（资料来源：根据相关网络资料整理而得）

讨论分析：

① 厨房师傅为什么下班了还为奶奶做饭？

② 这个案例给了我们哪些启示？

③ 从厨房师傅身上，你学到了哪些品质？

参考答案：

① 厨房师傅的服务意识并不是只基于流程和浮于表面的，虽然已经下班了，但是他依旧把奶奶当作顾客来服务，客户服务不是短期行为，厨房师傅良好的服务礼仪意识促使他下班了还为奶奶做饭。

② 这个案例给我们的启示：在市场经济条件下，服务行业的竞争就是服务质量的竞争，做到服务差异化尤为重要，那么针对顾客的服务礼仪的重要性就凸显出来了，为顾客提供优质服务的服务附加值，这就要求我们要有良好的服务礼仪意识。具体的服务礼仪不仅可以树立服务人员和企业良好的形象，还能让服务人员在和顾客交往过程中赢得好感和信任，从而抓住每位重要客户。

③ 从厨房师傅身上，我学到了以下两种品质：一是热情耐心，厨房师傅用亲切友好、热情周到的服务态度，以及其真诚的微笑和语言为客人提供了优质服务；二是真诚，厨房师傅把奶奶当作自己的亲人一样，倾听客人的讲述，能够发自内心地关心客人的需求和感受，让客人感到宾至如归的温暖。

优质的服务是发自内心的一种意愿。服务的心态决定服务的行为，服务的行为决定服务的结果。职业礼仪意识是与企业精神、职业道德、价值观念和文化修养等密切联系在一起的。服务型企业若要使自己立于不败之地，就必须培养良好的职业礼仪意识。

一、职业礼仪意识的含义

职业礼仪意识是指职场人员一走上工作岗位，便产生一种主动为服务对象提供良好服务的观念和愿望。拥有职业礼仪意识的人，常常会站在服务对象的立场上，急他之所急，想他之所想；为了让服务对象满意，不惜自我谦让和妥协。

职业礼仪意识是以服务对象为中心的。它发自职业人员的内心，可以通过培养、教育和训练，进而形成一种习惯。

二、职业礼仪意识的培养

培养职业礼仪意识四部曲如图1-2-1所示。

角色定位 → 提升自我 → 关注服务对象 → 设计服务

图1-2-1　培养职业礼仪意识四部曲

1. 角色定位

你理解自己的角色、顾客的角色、企业的角色吗？

角色定位指的是一个人在工作过程中必须准确地定位好自己需要扮演的角色。

在职场中，你可以担任多种角色。这取决于你的职业、职责和工作环境。职业人员在工作岗位中应学会一系列符合自己职业要求的行为方式，忘却一切与工作无关的思想、情绪和活动，更不能把个人的情绪带到工作中来，使生活中的角色与工作中的角色混淆。因此，职业人员应具有强烈的角色意识。职业人员角色定位不准确就容易走入思想上的误区。

> **案例点拨**
>
> 在一家涉外宾馆的中餐厅里，正是中午时分，用餐的客人非常多。有一桌的客人中有好几位外宾，其中一位外宾在用完餐后，顺手将自己用过的一双精美的景泰蓝筷子放入了随身带的皮包里。服务员在一旁将此情景看在眼里。
>
> （资料来源：根据相关网络资料整理而得）
>
> **讨论**：如果你是这位服务员，你该怎么办？
>
> **点拨分析**：如果我是这位服务员，我会把与筷子配套的锦盒拿出来，走到这位外宾身边说："先生，您好，我们发现您在用餐时，对我们的传统工艺品——景泰蓝食筷表现出极大的兴趣，简直爱不释手。为了表达我们对您如此欣赏中国工艺品的感谢，餐厅经理决定将您用过的这双景泰蓝筷子赠送给您，这是与之配套的锦盒，请笑纳。"
>
> 如果客人见此状觉得惭愧，解释说是自己喝多了误将筷子放入包中，并表示希望能出钱购买，则餐厅经理可以顺水推舟，按最优惠价格计入客人的账上。

2. 提升自我

确立正确的角色定位和良好的客我关系，有利于职业人员更加热爱本职工作，巩固工作技能，主动接受各种技能训练，提高自身的业务素质，为投入实践工作做好准备。业务知识如图1-2-2所示。

3. 关注服务对象

"服务"的英文是service，其每个字母都有着丰富的含义，在国际上其注解如下。

（1）s——smile（微笑），其含义是微笑迎客，服务人员应该对每一位服务对象提供微笑服务。微笑是国际通用的欢迎语言，也是最基本的服务要求。

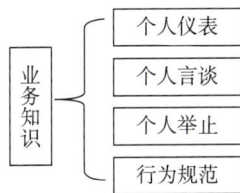

业务知识 { 个人仪表 / 个人言谈 / 个人举止 / 行为规范

图1-2-2　业务知识

（2）e——eye（眼光），其含义是服务人员应该始终以热情友好的眼光与服务对象交流。

（3）r——ready（准备好），其含义是服务人员应该时刻准备为服务对象提供服务。

（4）v——viewing（看待），其含义是服务人员应该保持敏锐，关注并及时发现服务对象的需求，在第一时间内为其提供有效服务。

（5）i——inviting（邀请），其含义是服务人员在每次服务结束时，都应该表现出诚意和敬意，主动邀请服务对象再次光临。

（6）c——creating（创造），其含义是服务人员应该想方设法营造使服务对象能享受其热情服务的氛围。

（7）e——excellent（出色），其含义是服务人员应将每个服务程序、细节工作都做得很出色。

微课 培养职业礼仪意识

4. 设计服务

有人说："高品质的服务是设计出来的，好的设计有利于打造优质的产品。"优质的设计来源于服务人员的细心、体贴和理解，服务人员要善于站在对方的立场考虑问题。

服务人员到位的思想意识只有付诸行动才能显示出魅力。

情景体验

体验一：场景模拟

黄先生入住一家五星级酒店，前一天晚上十点左右曾委托总机叫醒，但酒店总机未能准时叫醒客人，从而耽误了航班，引起了客人的投诉。下面是大堂助理张敏与客人黄先生的一段话。

张：黄先生，您好！我是大堂助理张敏，请告诉我发生了什么事？

黄：什么事你还不知道？我耽误了飞机，你们要赔偿我的损失。

张：你不要着急，请坐下来慢慢说。

黄：你别站着说话不腰疼，换你试试。

张：如果这件事发生在我身上，我肯定会冷静的，所以我希望你也冷静。

黄：我没你修养好，你也不用教训我。我们没什么好讲的。去叫你们经理来。

张：我叫经理来可以，但你对我应有起码的尊重，我是来解决问题的，可不是来受你气的。

黄：你不受气，难道让我这花钱的客人受气？真是岂有此理。

张：……

体验回答：如果你是小张，应该怎么处理？请将处理方法填写在下方。

_____

_____

_____ 。

体验二：接待客人中服务意识的培养训练

接待客人中服务意识的培养训练的目标和步骤见表1-2-1所列。

表1-2-1 接待客人中服务意识的培养训练的目标和步骤

内容	接待客人中服务意识的培养
目标	(1) 理解服务意识的定义 (2) 培养良好的服务意识
步骤	(1) 学生3～4人为一组 (2) 参考任务1-2中的案例设计场景，进行演练 (3) 针对问题，进行讨论 (4) 用张贴板展示小组成果 (5) 教师总结 (提示：细微之处见真情，酒店服务无小事，第一印象的作用)

体验三：自测——你是否具有服务意识？

(1) 在家里，你总能做到尊重老人，在你的影响下，家庭关系很和睦。

(2) 家里来了客人，你主动为客人沏茶倒水，与之交谈，让客人舒心、高兴。

(3) 和朋友们在一起，你总是主动关心每个人。

(4) 在单位里，你总是乐于关心和帮助同事，谁遇到困难你都尽力帮忙。

(5) 你经常称赞和夸奖别人。

(6) 得到别人的谅解、赞美和帮助时，你总是心存感激。

(7) 走在大街上，有陌生人向你问路，你总是不厌其烦地跟他讲清楚。

(8) 如果有人请你帮忙，而你却实在无能为力，你内心会感到愧疚。

(9) 在服务性的行业，你觉得有义务和责任去帮助每位客人。

(10) 你总是能看到别人的优点并欣赏别人。

请给自己打分，"是"得1分，"否"不得分。

【参考答案】

总分在8分以上：你很有服务意识，能成为一位很称职的服务明星。

总分在6～8分：你只要稍加努力，便会成为服务高手。

总分在4～6分：你需要把自己的爱心扩展到更大的范围。

总分在4分以下：你需要进行训练，以培养和提高自己的服务意识。

(资料来源：易钟. 做最好的酒店服务员 [M]. 广州：广东经济出版社，2011.)

思考练习

① 什么是职业礼仪意识？

② 如何培养良好的职业礼仪意识？

模块二 职业形象礼仪

模块介绍

人们的仪表风度、仪容举止，反映了时代的特点和一个国家、一个民族的精神风貌。职业形象是指一个人在工作场所所展示的整体形象、风格和态度，一个人的职业形象可以反映他们的职业素质和专业性。因此，职业形象是每位职场人都需要塑造并持续维护的，它不仅仅是自我形象的管理，更是服务和社交活动成败的关键。

学习目标

① 了解服务人员在着装和修饰方面的注意事项。
② 掌握服务人员仪容仪表的基本要求。
③ 培养落落大方的气质，以及符合职业要求的审美观。

礼仪警句

礼仪之始，在于正容体、齐颜色、顺辞令。

——《礼记·冠义》

礼仪观点

有一位保险推销员几乎已经成功地说服了他的客户，可是当他们站到办公室的吧台前谈具体事宜时，他的站姿却坏了事：他歪歪斜斜地站在那里，一只脚还不停地点地，好像打拍子一样。这位客户觉得保险推销员是在表示不耐烦和催促，于是，他就用"下一次再说吧"把这位保险推销员打发走了。

（资料来源：根据相关网络资料整理而得）

观点：一个人的仪表仪容是给人留下的第一印象，因此服务人员一定要注意仪表仪容，注意细节。只有这样，才能够让服务对象感受到最好的服务品质。你的形象不仅反映了企业的精神面貌和内在文化，还体现了服务人员的基本素质和修养。因此，每位服务人员都应该注重自己的形象。

任务2-1　仪容礼仪

在与他人的交往中，好的容貌会给人带来轻松愉悦的心情，给人留下良好的印象。服务人员只有具备端庄、美好、整洁的仪容，才能让服务对象产生好感，使服务活动顺利开展。同时服务人员的容貌美能够引起服务对象强烈的情感体验，感到自己的身份地位得到应有的认可，受尊重的心理也会获得满足。

▶**任务案例**◀

某公司招聘文秘人员，由于待遇优厚，应者如云。中文系毕业的小洁同学前往面试，她的背景材料可能是最棒的：大学四年中，在各类刊物上发表了3万字的作品，内容有小说、诗歌、散文、评论、政论等，还为六家公司策划过周年庆典，语言表达极为流利，书法也堪称佳作。小洁五官端正，身材高挑、匀称。面试时，招聘者拿着她的材料等她进来。小洁穿着迷你裙，上身是露脐装，涂着鲜红的唇膏，轻盈地走到一位考官面前，不请自坐，随后跷着二郎腿，笑眯眯地等着问话，三位招聘者互相交换了一下眼色，主考官说："李小姐，请下去等通知吧。"她喜形于色地说："好!"挎起小包飞跑出门。

（资料来源：根据相关网络资料整理而得）

讨论分析：

① 小洁的应聘会成功吗？为什么？

② 如果你去应聘，你会怎么打扮自己？

参考答案：

① 小洁的应聘不会成功的。因为她缺少面试的基本礼仪。具体表现在以下三个方面。

a. 服装过于时髦和前卫，不规范、不庄重，给人以轻浮的感觉。

b. 妆容过于浓艳和夸张。

c. 举止过于随意，不文明、不优雅。"不请自坐"和"跷着二郎腿"等给人以缺少基本涵养的感觉，"笑眯眯地等着问话"也显得不严肃。

小洁喜形于色，挎起小包飞跑出门。这是面试禁忌，面试结束后面试者得体的做法是向面试官鞠躬致谢，轻轻走出面试室。

② 如果我去应聘，我会从以下两个方面打扮自己。

a. 衣着。面试的时候应穿正装，最好是带有职业性质的服装或套装。

b. 面容。面试场合妆容应以淡妆为主。

一、服务人员的化妆原则

就服务人员来讲，化妆特指使用专用的化妆品所进行的容貌修饰。服务人员在为上岗服务而进行个人化妆时，应遵守一定的原则，如图2-1-1所示。

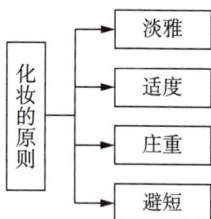

1. 淡雅

"妆成有却无"，服务人员化妆应以自然为原则，即自然、清新、雅致，要做到自然而不明显的修饰，不要过于浓厚和夸张。服务人员淡妆修饰的重点是嘴唇、面部和眼部，略施粉黛，淡淡几笔，恰到好处。

2. 适度

服务人员要根据自己工作的性质来决定如何化妆。例如，在某些对气味有特殊要求的餐饮工作岗位上，服务人员通常不宜采用芳香类的化妆品，如香水、香粉、香脂等。在化妆的同时要特别注意化妆与时间、空间、服饰、环境等相适应；要避免油腻妆与彩妆，避免气味浓烈的化妆品。

图2-1-1　化妆的原则

3. 庄重

服务人员在化妆时要进行正确的角色定位。社会各界人士期待看到的服务人员的妆容以庄重为主。如果服务人员在上班时采用一些社会上正流行的化妆方式，如金粉妆、印花妆、舞台妆、宴会妆等，则会让人觉得轻浮随便。

4. 避短

服务人员在化妆时要扬长，即适当地展示自己的优点，同时要学会避短，即巧妙地掩饰自己的缺点与不足。工作妆重在避短而不在扬长，因为过分扬长会有炫耀之意，容易引起服务对象的反感。

> **▶案例点拨▶**
>
> 王芳是某高校文秘专业的高材生，毕业后就职于一家公司做文员。为适应工作需要，上班时，她毅然放弃了"清纯少女妆"，化起了整洁、漂亮、端庄的"白领丽人妆"：不涂易脱色粉底液，修饰自然、稍带棱角的眉毛，与服装色系搭配的灰度高、偏浅色的眼影，紧贴上睫毛根部描画的灰棕色眼线，黑色自然型睫毛，再加上自然的唇型和略显浓艳的唇色，虽化了妆，却好似没有化妆，整个妆容清爽自然，尽显自信、成熟、干练的气质。
>
> 但在公休日，她又给自己来了一个大变脸，化起了久违的"青春少女妆"：粉蓝或粉绿、粉红、粉黄、粉白等颜色的眼影，彩色系列的睫毛膏和眼线，粉红或粉橘的腮红，自然系的唇彩或唇油，看上去娇嫩欲滴、鲜亮淡雅。这使她整个身心都倍感轻松。
>
> 心情好，自然工作效率就高。一年来，王芳以自己得体的外在形象、勤奋的工作态

度和骄人的业绩，赢得了公司同仁的好评。

（资料来源：根据相关网络资料整理而得）

点拨分析：作为职场中的人，你的仪容仪表不只是个人的事，你的衣着妆容要和你的职业身份相符合，这不仅代表了自己的品位，还代表着单位的形象，代表着对别人的尊重。在社交场合，从某种意义上说，你的个人形象就是一封无言的介绍信，向你的交往对象传递着各种信息。因此，服务人员了解仪容修饰的基本知识，掌握修饰的技能技巧，注意修饰的方法，就可以扬长避短，使自己容光焕发，充满活力。

二、服务人员的化妆方法

1. 女性服务人员的化妆方法

（1）打粉底。打粉底是一种基础化妆，主要目的是调整面部皮肤颜色。打粉底是化妆的第一步。服务人员应尽量选择质地柔和且上妆后与肤色接近的粉底液。打粉底时，取出少量粉底液（一粒黄豆大小）于指腹或沾湿的粉底海绵上，用指腹或粉底海绵均匀地涂抹在脸部，依次以脸颊、额头、下巴的顺序由内往外推开，如图2—1—2所示。注意要使肌肤与粉底液紧密结合，鼻子部位的皮脂分泌过多，粉底液涂抹不要过厚。涂抹第一遍后，在有瑕疵的地方可以特别涂抹一点加强一下遮盖效果，如图2—1—3所示。切勿忘记在脖颈部打上一点粉底，以免产生"泾渭分明"的不良效果。

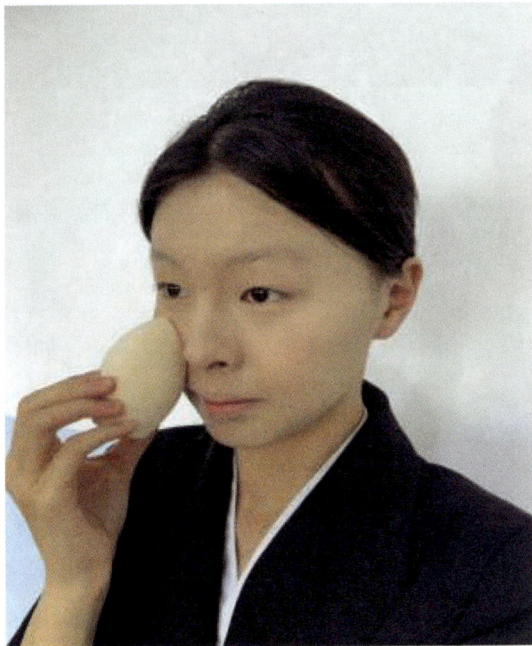

图2—1—2　打粉底

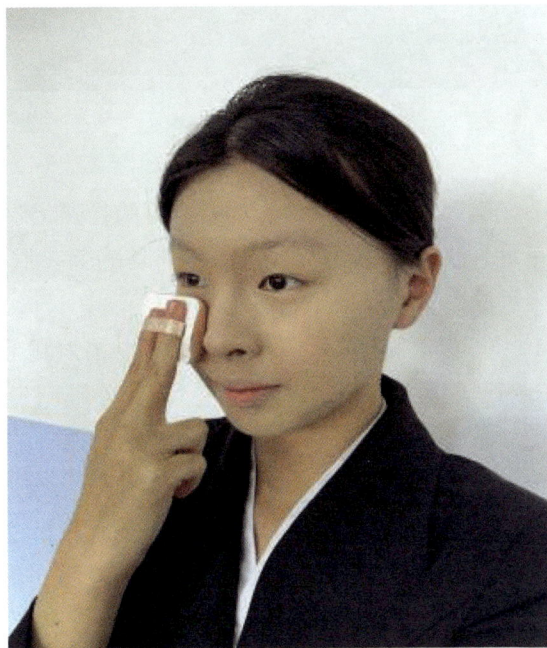

图2—1—3　遮瑕打粉

（2）定妆。定妆即用散粉（定妆粉）固定妆面。定妆可以使妆面更持久，而且使肌肤看起来更细腻通透。方法如下：用粉扑均匀蘸取散粉，轻轻按压全脸，然后用大粉刷刷去多余散粉。但不要用粉扑在妆面上来回摩擦。散粉的颜色最好和基础粉底液的颜色为同一色系。

（3）描眉。眉毛的浓淡与形状对一个人的容貌起着重要的烘托作用。服务人员想要留给客人亲切、友善的最佳印象，眉毛就不应有过硬的线条感，眉头、眉峰、眉梢三点之间的线条要流畅、柔和。眉笔可选择与发色相同的颜色，画眉要顺着眉毛的生长方向逐根进行细描，画完后只有用眉刷晕开画好的线条，才会显得自然。注意眉头不要画得太实，应该"眉头浅，中间深""上面浅，下面深"，并且有毛发的虚实感。画眉和眉刷晕眉分别如图2－1－4和图2－1－5所示。

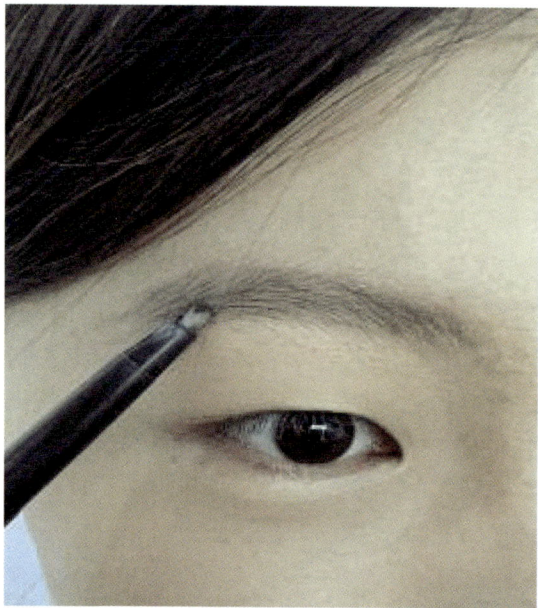

图2－1－4　画眉

图2－1－5　眉刷晕眉

（4）涂眼影。涂眼影的主要目的是强化眼睛的立体感，使双眼显得更为明亮传神。眼影色可与肤色、服饰色协调搭配成同一色系。服务人员禁止选择珠光或闪光的眼影。

涂眼影的步骤如下。

①以眼影棒取较深颜色的眼影，沿着睫毛边缘，于眼尾往眼角方向重复涂抹晕染，如图2－1－6所示。

②眉骨可用眼影刷取明亮色系的眼影，左右刷抹，直到眼窝全部刷满为止，中间勿留空隙，如图2－1－7所示。

③已使用过的眼影棒（不需取沾眼影）直接涂抹在下眼睑近眼尾1/4处。

（5）描眼线。服务人员的眼妆要庄重，流畅的眼线能明眸，但不要描眼尾上挑的眼线。描眼线时，画笔与眼睑的水平线应呈30°～40°，倾斜地描绘，才能使线条更柔和、流畅，如图2－1－8所示。尽量用笔尖的侧面着色，可以画出富于粗细变化的线条，如图2－1－9所示。

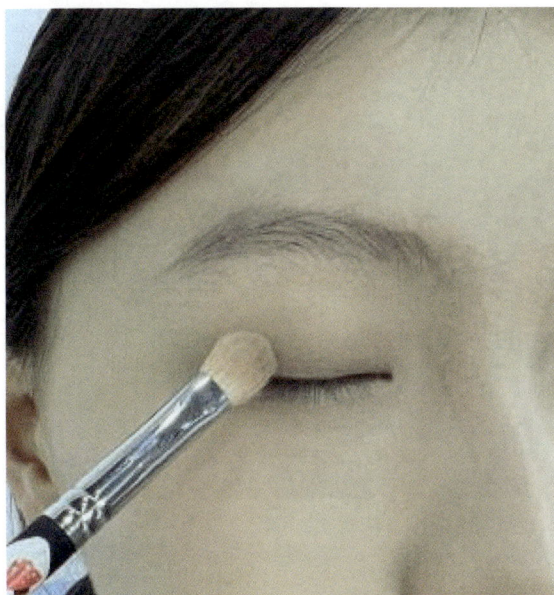

图2-1-6 涂眼影

图2-1-7 眉骨刷眼影

图2-1-8 描眼线

图2-1-9 用笔尖侧面着色

（6）涂睫毛膏。睫毛膏的颜色以黑色和棕色为最佳。须粘贴或种假睫毛的，长度不应超过1厘米。由上睫毛表层开始，眼睛向下看，睫毛刷由睫毛根部向外转动。涂下睫毛时，眼睛向上看，先用睫毛刷的刷头横向涂抹，再由睫毛根部由内向外转动睫毛刷。最好保持不眨眼，不然便会化晕了，待干后再上第二层。若睫毛膏过多，可以在眼下放一张纸巾，然后眨眼，纸巾便会把多余的睫毛膏吸走。涂睫毛膏如图2-1-10所示。

（7）刷腮红。腮红的使用可使妆容耳目一新，既能使面颊更加红润，面部轮廓更加优美，又能显示出健康的状态。刷腮红的步骤：首先将最浓的颜色涂抹到颧骨最高处；其次轻柔地左右上下移动腮红刷，将腮红均匀地扫开，如图2-1-11所示；最后用粉扑将腮红晕开，如图2-1-12所示，使其与肌肤自然融合，注意不要向鼻部两侧涂抹腮红。职业妆的腮红不可重于口红。

图2-1-10　涂睫毛膏　　　　　　　图2-1-11　刷腮红　　　　　　　图2-1-12　粉扑晕腮红

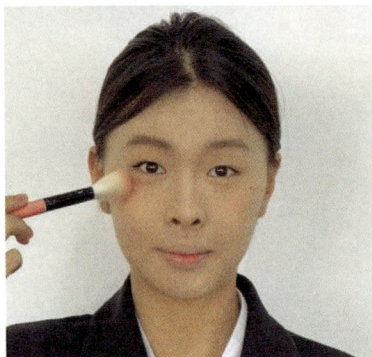

　　（8）涂口红。涂口红（唇彩）的关键是掌握正确的涂抹方法。涂口红时首先用唇线笔描好唇线，然后将唇膏自内而外地涂抹在唇笔所勾勒的轮廓内，如图2-1-13所示。涂完后，用纸巾轻轻在嘴唇上印一下，这样唇膏就能与唇部肌肤紧密融合，自然持久，不易掉色，如图2-1-14所示。需要注意的是，作为服务人员，唇膏（唇彩）的颜色不宜过于鲜艳。不要使用油腻或带有珠光的口红。

图2-1-13　涂口红　　　　　　　　　　图2-1-14　用纸巾印下口红

2. 男性服务人员的化妆要求

　　男性服务人员也要进行适当的化妆，但相比女性服务人员而言要简单得多。男性服务人员化妆的重点在于干净、自然地体现自身的特点。

　　（1）保持面部皮肤的清洁。

　　（2）选择适合自己肤质的化妆品，主要是护肤品。

　　（3）保护嘴唇，可以涂些唇膏，防止干裂。

　　（4）注意修眉，男性眉毛应当真实、大方，不能出现修饰痕迹。

（5）注意剃须，工作期间不宜留小胡子和长胡子。

（6）保持牙齿和齿龈健康，口气清新。

（7）保持手和指甲的清洁，并用护手霜护理双手。

（8）鼻毛不要外露。

（9）耳朵内外清洁干净。

3. 服务人员化妆的禁忌

服务人员化妆的禁忌如图2－1－15所示。

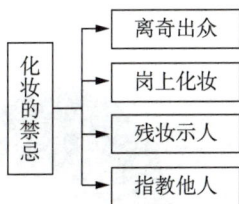

图2－1－15　服务人员化妆的禁忌

（1）离奇出众。妆容一定要符合常规的审美标准，服务人员化妆要遵守淡雅、简洁、舒适、得体的原则，切不可搞得花里胡哨、浓妆艳抹。禁止服务人员在化工作妆时脱离自己的角色定位，追求荒诞、怪异、神秘的妆容，或者是有意使自己的化妆出格，从而产生令人咋舌的效果。

（2）岗上化妆。职场化妆礼仪要求，不允许在工作岗位上进行必要的化妆或补妆，管理自我形象这一点固然正确，但若当众表演化妆术，尤其是在工作岗位上，这是很不庄重的。这样做是不尊重别人、缺乏修养的表现。维护仪容仪表的全部工作应在幕后完成。化妆属于个人的私事，只能在无人的情况下悄然进行。

（3）残妆示人。化妆要有始有终，并维护妆面的完整性。化妆后要常做检查，特别是在休息、用餐、饮水、出汗、更衣之后，要经常关注自己的妆容，若发现妆面残缺，要及时补妆。

（4）指教他人。每个人都有自己的审美观和化妆风格，切勿当面对别人的妆容品头论足，这不但会让对方难堪、反感，而且会让自己失礼。

三、服务人员的发型要求

发型是构成仪容美的重要内容。整洁大方的发型会给服务对象留下美好的印象。服务人员在选择发型时，应以庄重、大方、简洁为主。

1. 女性服务人员的发型要求

选择适合自己的发型，短发造型不宜奇特，长度不得短于两寸，不能超过衣领。前发须保持在眉毛上方以不遮眼睛为宜。两侧头发干净利落、服帖。长发的话应盘起来，盘起的高度应适中，不可过高，也不可过低，并要佩戴统一的头花。

不管哪一种发型，头发都应保持干净、有光泽、无头皮屑。任何发型都应梳理整齐，使用发胶、摩丝定型，不得有蓬乱的感觉。头发必须保持黑色，染发时只允许染成自然的黑色，发饰只限公司配发的样式，不准戴其他花色，可使用无饰物的黑色发卡固定头发，不得使用发箍及彩色发卡，禁止使用假发套。女性服务人员发型如图2－1－16和图2－1－17所示。

2. 男性服务人员的发型要求

男性服务人员一般以短发为主，头发长度最好在7厘米左右，要做到：前发不覆额，侧发不掩耳，后发不及领。前发不覆额，主要是要求额前的头发不遮盖眼部，即不允许留长刘海；侧发不掩耳，主要是要求两侧的鬓角不长于耳朵中部，即不宜蓄留鬓角；后发不及领，主要是要求脑后的头发不宜长至衬衣的衣领，免得将白色的衣领弄脏。男性服务人员发型如图2－1－18、图2－1－19所示。

图2－1－16　酒店女服务员发型

图2－1－17　空乘女服务员发型

图2－1－18　酒店男服务员发型

图2－1－19　空乘男服务员发型

▶ 案例点拨

　　唐天集团公司刘董事长有一次接受电视台的采访，为了郑重起见，刘董事长特意向个人形象顾问咨询有无特别注意的事项。个人形象顾问专程赶来之后，仅仅向刘董事长提了一项建议：换一个较为儒雅而精神的发型，并且一定要剃去鬓角。个人形象顾问的理由是：发型对一个人的上镜效果至关重要。

果不其然，改换了发型之后的刘董事长在电视机上亮相时，形象焕然一新。得体的发型使他显得精明强干，自信的谈吐使他显得深刻稳健，二者相辅相成，令电视前机的观众为之倾倒。

（资料来源：根据相关网络资料整理而得）

点拨分析： 在正常情况之下，人们观察一个人往往是"从头开始"的。头发的修饰是基本的仪容修饰。发型在我们的形象中是一种独特的语言，它能直观地体现人的身份、年龄、个性、气质等特征。一个不合适的发型会使你顿失光彩，而发型不符合职业形象，不与职业合拍，就会显得另类。因此，无论是作为公司董事长，还是作为服务人员，发型都应与其身份、服饰、场合相协调。

情景体验

体验一：化淡妆练习

化淡妆训练的目标与步骤见表2-1-1所列。

表2-1-1　化淡妆训练的目标与步骤

内容	化淡妆训练	地点	实训室
目标	（1）了解化妆的技巧及注意事项 （2）培养化妆技能，能够完成基本日常妆容		
步骤	（1）学生自备化妆品 （2）按所学的程序对镜化淡妆 （3）在练习过程中，教师提供个别指导和反馈 （4）选出优秀的学生淡妆，进行学生互评 （5）教师对学生的化妆效果进行点评和指导 （6）教师总结 （提示：化淡妆的前提是必须遵守服务人员化妆的四个原则：淡雅、适度、庄重、避短）		

体验二：自测——你的仪容符合要求吗？

对照服务人员的仪容要求，观察自己的仪容是否符合要求。结合表2-1-2，看看还有哪些需要改进的地方。

表2-1-2　服务人员仪容自检

检查内容	标准	满分	得分
发型	（1）头发清洁且长度适宜	10	
	（2）选择适合自己的发型	10	

（续表）

检查内容	标准	满分	得分
面部修饰	（1）整洁干净	10	
	（2）不蓄胡须	10	
	（3）化妆自然	10	
手部修饰	（1）不蓄长指甲	10	
	（2）清洁	10	
	（3）不使用醒目的彩绘指甲	10	
个人卫生	眼、耳、鼻、颈部清洁，口无异味	10	
总分			

思考练习

① 观察自己的容貌，对镜给自己画一个淡妆。

② 服务人员化妆的禁忌有哪些？

③ 服务人员化妆的原则是什么？

④ 在服务工作中，如何修饰自己的仪容？

微课　服务人员的化妆方法

任务2-2　仪表礼仪

服务人员的着装是企业视觉形象的重要组成部分，蕴含着一定的文化品位和管理思想。服务人员的着装要适合自身和不同岗位的要求，让人感觉舒服，显得精神，体现出热情大方的职业风度，符合不同岗位宾客的审美需求。

▶任务案例◀

某报社记者吴先生为做一次重要采访，下榻于北京某酒店。经过连续几日的辛苦采访，最后圆满完成任务。吴先生与二位同事打算庆祝一下，当他们来到餐厅，接待他们的是一位五官清秀的服务员，接待服务工作做得很好，但是她面无血色显得无精打采。吴先生一看到她就觉得没了刚才的好情绪，仔细留意才发现，原先这位服务员没有化工作淡妆，在餐厅昏黄的灯光下显得病态十足，这又怎能让自己看了有好情绪就餐呢？当开始上菜时，吴先生又突然看到传菜员涂的指甲油缺了一块，当下吴先生第一个反应就是："不知是不是掉入我的菜里了？"但为了不惊扰其他客人用餐，吴先生没有将他的怀疑说出来。但这顿饭吃得吴先生心里总不舒服。最后，他们招呼柜台内服务员结账，而服务员却一直对着反光玻璃墙面修饰自己的妆容，丝毫没注意到客人的需要。到本次用餐结束，吴先生对该酒店的服务十分不满。

（资料来源：根据相关网络资料整理而得）

讨论分析：

① 这位服务员应该怎么做？

② 这件事对我们有什么启发？

参考答案：

① 这位服务员应该在为客人服务时精神高度集中，并随时关注客人的眼神、言谈和心理，在客人未说话前就了解其内心需求，以便及时周到地为客人服务。不应该当众自顾自地修饰自己的妆容，而忽略了为客人服务。

② 这件事对我们的启发：服务人员要遵守服务礼仪为客人服务，这是对服务人员的基本要求。出于对客人的尊重和友好，在服务中要注重礼仪、礼节，讲究语言、举止、行为规范。同时在服务时要力求主动、热情、周到，使客人感受到精神上的愉悦。

服装的准备须符合工作场合的要求。服务人员工作时应穿正装，最好是带有职业性质的服装或套装。男士服装由西装构成，一套合体的西装与衬衫、领带、皮鞋、袜子应是一个统一的整体。女士服装一般以西装、套裙为宜，在选择西装或套裙时，应尽量避免选择过于抢眼的颜色，一般以深色、单色为宜。

▶ **案例点拨**

经理派王小姐到南方某城市参加商品交易洽谈会。王小姐认为这是领导的信任，更是见世面、长本领的好机会。为了成功完成这次任务，王小姐进行了精心细致地准备。当各种业务准备完毕后，她开始为选择什么形象参与会议合适犯愁了。经过认真地思考，结合对商务形象的认识，她塑造的形象是：身着浅红色吊带上装和白色丝织裙裤，脚上是白色漆皮拖鞋，一头乌黑的长发飘逸地披散在肩上，浑身散发着浓郁的香水味道。王小姐认为这样既能突出女性特点，清新靓丽，又具有时代感。她相信自己的形象一定能赢得客商的青睐。

结果，出席会议的那天，王小姐看到参加会议的人顿时觉得很尴尬，因为男士们个个都是西装革履，女士们穿的都是职业装，唯独王小姐穿的是具有"时代感、清新靓丽"的服装。整场会议开下来，王小姐神情都特别不自然。

（资料来源：根据相关网络资料整理而得）

点拨分析：王小姐在洽谈会这么重要的场合，却没有穿着合理的服饰，这使她陷入了尴尬的境地。着装是影响第一印象的关键，合理的着装可以展示服务人员的专业素养和职业态度，提高客户的信任感。员工着装是企业文化的一个重要组成部分，适当的着装可以帮助员工树立专业形象，同时可能是职场成功的通行证。

一、服务人员的着装要求

着装不仅反映一个人的修养，还反映整个社会的物质文化生活水平。从一定意义上说，着装是人类文明的一个标志。穿着得体，不但能赢得他人的信赖，给人留下良好的印象，而且能提高与人交往的能力。相反，穿着不当，举止不雅，往往会降低身份，有损形象。

着装是一门艺术，既要讲究协调、色彩，也要注意场合、身份。人所处的场合一般有三种：社交场合、职业场合和休闲场合。这里主要介绍职业场合的着装——职业装。男女士职业装如图2—2—1和图2—2—2所示，女士西装套裙如图2—2—3所示，高速公路收费员着装如图2—2—4所示。

图2—2—1　男士职业装　　　　图2—2—2　女士职业装　　　　图2—2—3　女士西装套裙

1. 整洁

服务人员在穿职业装时，必须保持制服干净整齐，应将制服熨烫平整，不出现褶皱、残破、污渍、脏物和异味，干净整洁的服装会给服务对象带来清新舒服的感觉，如图2—2—5所示。

图2—2—4　高速公路收费员着装　　　　　　图2—2—5　整洁着装

▶案例点拨

　　小张是一家物流公司的业务员，口头表达能力不错，对公司的业务流程很熟悉，对公司的产品及服务的介绍也很得体，给人以朴实又勤快的感觉，在业务人员中学历是最高的，可是他的业绩总是上不去。

　　小张自己非常着急，却不知道问题出在哪里。小张从小性格大大咧咧，不修边幅，头发经常是乱蓬蓬的，双手指甲长长了也不修剪，身上的白衬衣常常皱巴巴的且已经变色，他喜欢吃大饼卷大葱，吃完后却不知道去除异味。小张的大大咧咧能被生活中的朋友所包容，但在工作中常常过不了与客户接洽的第一关。

（资料来源：根据相关网络资料整理而得）

　　点拨分析：小张虽然有能力、学历高，但业绩一直无法提升，究其原因主要是不注意自己的形象，不会装扮自己，他的形象给人以不负责任之感。外表确实没有内涵重要，但它是一把钥匙、一个敲门砖，整洁的仪表有利于个人自身的发展，穿着整洁得体的人往往会得到更多人的欣赏和信任。服务人员的仪表不仅仅是体现公司的形象和服务水平的基本标准，更是一张没有文字却形象生动的名片。因此，服务人员不仅要具备良好的职业素养和专业知识，还要注重专业形象的塑造。

2. 工牌

　　将刻有自己姓名的工牌佩戴于左胸上侧、距肩线15厘米居中处。咖啡厅服务员佩戴工牌如图2—2—6所示。

3. 帽子

　　穿着春、秋、冬装制服、风衣、大衣送客时，一般须佩戴帽子。帽徽要端正且正对鼻梁，帽檐不遮眉，在眉上方的1～2指处。高铁乘务员穿制服佩戴帽子如图2—2—7所示。

图2—2—6 咖啡厅服务员佩戴工牌

图2—2—7 高铁乘务员穿制服佩戴帽子

4. 丝巾

一般穿着春、秋、冬装须佩戴丝巾，要保持丝巾颜色鲜艳、干净整洁、熨烫平整，出现褪色的要及时更换。丝巾佩戴如图2—2—8所示。

5. 皮鞋

鞋是制服的一部分。穿西装一定要穿皮鞋，并且要上油擦亮，不宜穿旅游鞋、布鞋或凉鞋，否则会显得不伦不类。皮鞋的颜色要与西装相配套，黑色皮鞋可以搭配任何颜色的西装，而咖啡色皮鞋只能搭配咖啡色西装。白色、米黄色等其他颜色的皮鞋均为休闲皮鞋，只能在游乐、休闲时穿。

6. 丝袜

通常丝袜（袜子）的颜色为肉色、灰色和黑色。工作时应多备一双丝袜，一旦出现脱丝应及时更换。男士着袜应与鞋子的颜色和谐，以黑色、深蓝色、灰色等深色为宜。

7. 发饰

佩戴的发饰应为蓝色或黑色，发网必须是黑色的，盘发髻时要使用隐形发网，如图2—2—9所示。如果需要佩戴发卡，以黑色为宜，发卡上不能有任何装饰物，佩戴发卡的总数量一般不超过四枚。

图2—2—8　丝巾佩戴

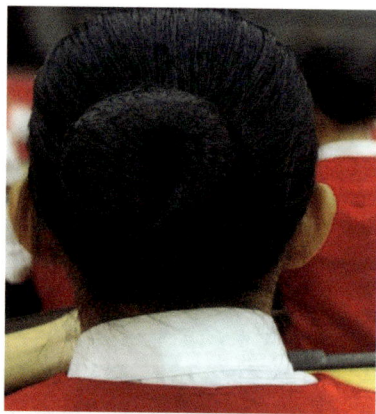

图2—2—9　盘发髻

8. 领带

领带被喻为"男子服饰的灵魂"。领带是男西装的重要装饰品，对西装起着画龙点睛的作用。穿正规西服时系上一条漂亮的领带，既美观大方，又给人以典雅庄重之感。

（1）质地。领带质地一般以真丝、纯毛为宜，也可以是尼龙的。一般不宜选择棉、麻、绒、皮革等质地的领带。

（2）颜色。一般来说，服务人员（尤其是酒店服务人员）应选用与自己制服颜色相称、光泽柔和、典雅朴素的领带，不宜选用过于鲜艳花哨的领带。因此，领带颜色一般为单色，蓝色、灰色、棕色、黑色、紫色等较为理想，多色的则不应多于三种颜色，而且尽量不要选择浅色或艳色。

（3）图案。选择领带图案要坚持庄重、典雅、保守的基本原则。一般为单色无图案，宜选择蓝色、灰色、咖啡色或紫色，或者选择点子或条纹等几何图案。

（4）款式。不能选择简易式领带。

（5）质量。应选择外形美观、平整、无挑丝、无疵点、无线头、衬里毛料不变形、悬垂挺括、较为厚重的领带。

（6）长度。领带的长度以到皮带扣处为宜，过长过短都不合适。

（7）领带夹。领带夹的位置不能太靠上，以从下数的第三粒与第四粒衬衫衣扣之间为宜；西装系好纽扣后不能使领带夹外露。

（8）领带结。领带结应挺括、端正、外观呈倒三角形。

领带如图2－2－10所示。

图2－2－10　领带

二、服务人员的配饰佩戴要求

佩戴饰品的目的是提升人的气质，增加美感，达到"画龙点睛"的效果。但是某些饰品的佩戴并非是随意性的，往往有约定俗成的意义。对此，服务人员只有了解之后，才能在达到形象美的同时，选择出合乎礼仪规范的饰品。服务人员工作时一般允许佩戴的饰品为手表、戒指和耳钉，不能佩戴手链、手镯、脚链等。

1. 手表

在正式场合所佩戴的手表的款式应简洁、大方，刻度明显（时针、分针），表带最好是金属或皮制的，宽度不超过2厘米，颜色以黑色、棕色、蓝色、灰色为宜。一般不允许佩戴休闲、卡通及带有装饰物的手表。

2. 戒指

佩戴戒指是一种无声的语言，往往暗示佩戴者的婚姻和择偶状况。戒指一般只佩戴在左手，而且最好仅佩戴一枚。无名指上的婚戒及订婚戒设计要简单，镶嵌物直径不宜超过5毫米。

3. 耳钉

耳钉讲究成对佩戴，即每只耳朵佩戴一枚耳钉。不宜在一只耳朵上同时戴多枚耳钉，样式最好是保守的，镶嵌物直径不宜超过5毫米。

情景体验

体验一：小组讨论

分组运用所学的仪表礼仪知识完成任务。

（1）说说作为一名服务人员应注意哪些着装规范。

（2）两人一组，自检平日穿衣时的不妥之处，可参考表2—2—1，并将自己的不妥之处填写于下方。

表 2-2-1　着装标准

检查内容	标准	你做到了吗？
服装	（1）服装整洁，领口干净	
	（2）端庄，不太薄、不太透、不太露	
	（3）款式色彩不太复杂、不花哨	
	（4）裙子不太短、不太长、不太紧、不太宽、不太松。拉链拉好，裙缝位正	
	（5）皮鞋洁净，款式大方，鞋跟不太高、不太尖，走动时不发出大声音	
饰品	（1）饰品不太夸张、不太突出	
	（2）工牌佩戴在要求的位置	
	（3）丝袜无钓丝、无破洞，手提包里有一双备用丝袜	

_____

_____

_____ 。

体验二：面试服装搭配

假设你即将参加某公司的面试，你将如何进行着装准备？

要求：

（1）学生根据所要面试的单位类型，自行准备面试的服装。

（2）学生进行服装展示，同时对所准备的服装进行说明，并填写于下方。

（3）全体同学评选出最佳的面试服装。

_____

_____

_____ 。

体验三：案例分析

郑伟是一家大型国有企业的总经理。有一次，他获悉有一家著名的德国企业的董事长正在本市进行访问，并有寻求合作伙伴的意向。他于是想尽办法，请有关部门为双方牵线搭桥。

让郑总经理欣喜若狂的是，对方也有兴趣同他的企业合作，而且希望尽快与他见面。到了双方会面的那一天，郑总经理对自己的形象刻意地进行了一番修饰，他根据自己对时尚的理解，上穿夹克衫，下穿牛仔裤，头戴棒球帽，足蹬旅游鞋。无疑，他希望自己能给对方留下精明强干、时尚新潮的印象。

然而事与愿违，郑总经理自我感觉良好的这一身时髦的"行头"，却偏偏坏了他的大事。

（1）请运用所学的知识分析郑总经理的错误。

_____

_____

_____。

（2）为郑总经理设计与董事长初次见面时的着装。

_____

_____

_____。

思考练习

① 搜寻资料，男生查找领带的打法，并学习领带的一种打法；女生查找丝巾的系法，在下一课时展示。

② 简述服务人员的配饰佩戴要求。

微课　服务人员着装要求

模块三 职业仪态礼仪

模块介绍

仪态也叫仪姿、姿态，泛指人们身体所呈现出的各种姿态。它包括举止动作、神态表情和相对运动的体态。人们的面部表情、体态变化、举手投足都可以表达思想感情。在对客服务过程中，要给对方留下美好而深刻的印象，优雅的举止是非常重要的，这就要求我们有意识地锻炼自己，养成良好的站、坐、行姿势，做到举止端庄、优雅得体。正确的姿势可以给人以端庄、稳重、可信赖的印象。姿势本身就可以向对方传递信息，因此仪态应该作为一种服务手段而加以训练。仪态是表现个人修养的一面镜子，也是构成一个人外在形象的主要因素，不同的仪态显示人们不同的精力状态和文化教养，传递不同的信息，因此仪态又被称为体态语言。

学习目标

① 了解仪态礼仪对职业人员的重要性。
② 掌握站姿、坐姿、走姿、蹲姿、鞠躬、手势、握手及微笑的礼仪规范要求。
③ 学以致用，将礼仪规范与日常行为养成相结合。
④ 正确运用仪态及表情，增强人际沟通交往能力。

礼仪警句

站如松，坐如钟，行如风，卧如弓。

——葛晨虹

礼仪观点

很多人第一次在天安门看升旗时，都有一种感受：明明升旗前还是黑夜，当国旗升至旗杆顶端的一瞬间，整个天空突然大亮。执行任务40年，累计升降国旗近3万次，天安门国旗护卫队能分秒不差地完成任务，他们是怎么做到的？

今天的国旗护卫队由96名成员组成，寓意祖国960万平方公里土地，他们脱胎于三军仪仗队，却有着比仪仗队更严苛的训练。训练第一关就是三小时站军姿，教官有三样法宝：扑克、胸针和蚂蚁。作为天安门一道靓丽的风景线，国旗护卫队成员首先要学会站如松。在训练过程中，教官会拿起一张扑克牌，放在战士双腿中间，检查他们的两腿是否合拢。站得住只是第一步，国旗护卫队还必须昂首挺胸。教官找来胸针，放在战士们的领口上，防止他们低头弯腰，古有"悬梁刺股"，今有"悬针刺脖"。昂首挺胸站军姿，第三要立得稳、有耐力。教官先让战士头顶一碗水，再从地上捡起蚂蚁直接放在战士们身上，无论多痒，谁让水洒下，五公里拉练起步。

相比三军仪仗队的训练，国旗护卫队的训练要求更加严苛，每个动作都要精确到厘米：正步与齐步行进时，每步间距75厘米；齐步向前摆臂时，拇指根部距地面114厘米；向后摆臂时，距裤缝线30厘米；正步训练时，手臂距身体10厘米。

数字之所以要如此精确，因为从金水桥走到国旗杆下必须走满138步，寓意我军曾靠落后的三八式步枪起家；而国旗护卫队穿过长安街，必须走满96步，象征着我国960万平方公里土地。行军动作如果不精确，失之毫厘、差以千里，就更无从谈起每日精确到秒的升旗仪式了。

观点：端庄稳重的仪态是有教养、充满自信的完美表达。天安门国旗护卫队的表现为世人关注与赞赏，实践证明，严格训练的苦是必要的。他们举手投足所展示的稳重气度成为各行各业服务人员模仿的范本。

（资料来源：根据相关网络资料整理而得）

任务3-1 站姿礼仪

俗话说"站如钟"，站立是静态造型的姿态，是优美仪态的起点，站姿能表现出一个人的风度和气质，站姿无论是在社交场合，还是在日常交往中，都是一种最基本的举止。

任务案例

案例1：一个来自北京的退休干部旅游团某天的行程是游览泰山，导游员小苏一早就来到酒店，准备当天的旅游接待工作。小苏笑容可掬地站在车门旁边迎候游客们上车，接着小苏按惯例开始清点人数，"1，2，3，4，……"小苏轻轻地念着，同时用手指清点旅客人数。在旅游过程中，尽管小苏的旅游知识很丰富，服务也很周到，但是他发现游客们对他不像第一天那么热情了。小苏百思不得其解，不知道哪里出问题了。

讨论分析:
① 小苏哪里做得不恰当?
② 正确做法是什么?

参考答案:

① 礼仪常识告诉我们,只有清点物品时可以用手指点着、嘴里数着数。但是清点人数时用手指着游客、嘴里还数着数,这种做法是极其不礼貌的。

② 正确的做法是:站在车头,心里默数游客人数;游客人数较多时可以从车头走到车尾,手指不能点着游客,而应一边走一边用两手轻扶椅背,在心里默数人数。

案例2: 小张是一位刚进入职场的新人,他很重视自己的形象和礼仪,可是他有一个不好的习惯,站立不稳还有习惯性驼背。有一天,他参加了公司的一个重要会议,会议上有很多高级管理人员和客户。在会议期间,小张发现自己不知不觉又表现出了驼背和不稳的站姿。这让他感到非常尴尬和不安。他知道自己必须改正这个坏习惯,否则会给领导留下不良印象。

于是,小张开始寻找改善站姿的方法。他查阅了很多资料,请教了一些专业人士,最终找到了一种适合自己的方法。于是他每天坚持站姿训练,并逐渐形成了正确的站立习惯。很快,小张发现自己改善后的站姿让他看起来更加专业和有自信。在接下来的会议中,他的客户和同事都对他的改变赞不绝口。在公共场合运用正确站姿进行社交是非常重要的,可以让人看起来更加自信。

(资料来源:根据相关网络资料整理而得)

讨论分析:
① 小张为什么要进行站姿训练?
② 这个案例给你的启发是什么?

参考答案:

① 站姿训练可以帮助服务人员纠正不良的身体姿态,同时能在社交场合给领导和同事留下好的印象。

② 良好的站姿使人充满自信,提高工作效率,体现服务人员良好的职业礼仪素养。

一、站姿的基本要求

1. 站姿总要求

头正目平、面带微笑、微收下颚,肩平挺胸、直腰收腹。女士形成端正、挺拔、典雅的气质美;男士体现端正、挺拔、阳刚之气。

2. 站姿五要素

站姿五要素如图3—1—1所示。

二、常用站姿要求

1. 女士常用站姿

（1）女士前腹式站姿：要求在女士标准式站姿（图3—1—2）的基础上，一脚在前，将脚跟靠在另一脚内侧，双脚尖向外略展开，形成斜写的一个"丁"字，手指自然弯曲，双手轻握于虎口相交，叠放于脐下三指处。女士前腹式站姿如图3—1—3所示。

适用场合：在工作或社交场合时可采用这种站姿。

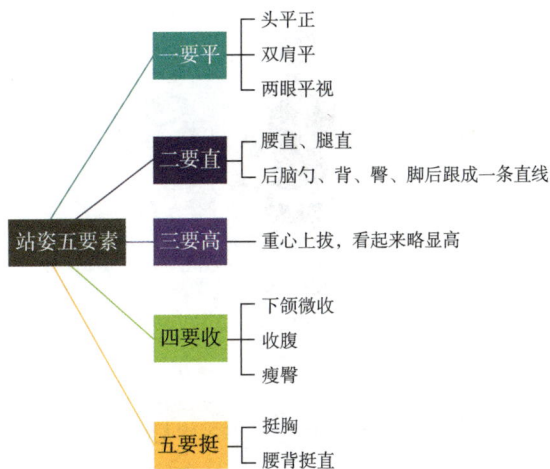

```
站姿五要素 ┬ 一要平 ┬ 头平正
          │        ├ 双肩平
          │        └ 两眼平视
          │
          ├ 二要直 ┬ 腰直、腿直
          │        └ 后脑勺、背、臀、脚后跟成一条直线
          │
          ├ 三要高 ── 重心上拔，看起来略显高
          │
          ├ 四要收 ┬ 下颌微收
          │        ├ 收腹
          │        └ 瘦臀
          │
          └ 五要挺 ┬ 挺胸
                   └ 腰背挺直
```

图3—1—1 站姿五要素

图3—1—2 女士标准式站姿

图3—1—3 女士前腹式站姿

（2）交流式站姿：要求在女士标准式站姿的基础上，一脚在前，将脚跟靠在另一脚内侧，双脚尖向外略展开，形成斜写的一个"丁"字，手指自然弯曲，双手轻握手背朝上，叠放于腰际。身体重心在两脚上，站得太累时，可自行调节，双腿微微分开，将身体重心移向左脚或右脚。女士交流式站姿如图3—1—4所示。

适用场合：在职场与客户或同事交流时可采用这种站姿。

图3-1-4　女士交流式站姿

2. 男士常用站姿

（1）男士前腹式站姿：要求在男士标准式站姿的基础上，双腿分开，宽度为齐肩或略窄些，右手握住左手腕，置于身体腹前（或左手握住右手腕）。男士前腹式站姿如图3-1-5所示。

适用场合：在职场与客户或同事交流时可采用这种站姿。

（2）男士后背式站姿：要求在男士标准式站姿的基础上，双腿分开，宽度为齐肩或略窄些，右手握住左手腕，置于身体背后腰际线（或左手握住右手腕）。男士后背式站姿如图3-1-6所示。

适用场合：在迎宾时采用这种站姿。

图3-1-5　男士前腹式站姿

图3-1-6　男士后背式站姿

三、不良站姿及注意事项

（1）不可身体歪斜、两肩一高一低或无精打采。

（2）不可弯腰驼背、袒胸挺腹。

（3）不可将双手插入衣袋或裤袋中，也不可双手交叉抱于脑后，更不可双手或单手叉腰，或者做其他小动作。

（4）不可扭动身体、乱晃双臂，或将双臂交叉抱于胸前。

微课　站姿礼仪

（5）不可双腿交叉、弯腿顶跨，或使双脚呈内八字站立。

（6）不可依物（如墙壁、椅子等）而站或不停地抖腿。

（7）为缓解疲劳，在实际工作中可以交换使用几种站立姿势，但在服务过程中禁止使用过多的小动作和不规范的站立姿势。

情景体验

体验一：站姿训练

请按照职业人员的站姿要求，考核自己的站姿是否符合要求，明确还有哪些需要改进的地方。站姿训练的要求与步骤见表3−1−1所列。

表3-1-1　站姿训练的要求与步骤

内容	站姿训练	地点	实训室
要求	（1）学生在实训室面对面排两列 （2）掌握服务中常用的站姿：标准式站姿、前腹式站姿、交流式站姿（女）、后背式站姿（男） （3）身体端正、表情自然、呼吸平稳、姿态标准		
步骤	（1）教师示范讲解标准式站姿的要领 （2）学生调整，保持标准式站姿 （3）教师纠正学生的错误，个别指导 （4）在标准式站姿的基础上，练习前腹式站姿和后背式站姿 （5）学生展示、教师总结 （6）训练时可配音乐，减轻单调和疲劳		

体验二：小组讨论，仪态互检

运用所学的礼仪知识完成以下任务。

（1）作为一名职业人员站立时应注意哪些事项？并将关键的注意事项填写于下方。

_____

_____

_____ 。

（2）两人一组，互相检查平时站立姿态有哪些不正确的地方，并将不正确的站姿及改正办法填写于下方。

_____

_____

_____ 。

思考练习

① 如何培养正确的站姿？

② 正确站姿的注意事项是什么？

任务3-2　坐姿礼仪

正确而优雅的坐姿是一种文明行为，既能体现一个人的形态美，又能体现行为美。正确的坐姿要求是"坐如钟"，即坐姿要像钟一样端正。

▷任务案例◁

从出生六月龄到现在，我们不仅会坐，还坐出了许多新花样，譬如"跷二郎腿""葛优躺""碧瑶坐"等，各种新坐法花样层出不穷。但这些不规范的坐姿使我们的身体承受着任性的苦果。一名13岁女孩因脊柱侧弯送医就诊，医生表示这是长期不良坐姿导致的，如果不及时干预，将造成高低肩、长短腿、身体畸形等严重后果，医生还说，我国青少年患脊柱侧弯的概率高达5.4%，也就是每二十个孩子中就有一个患病者。所以，从现在开始，我们要培养正确的坐姿习惯，避免造成终身遗憾。

（资料来源：根据相关网络资料整理而得）

讨论分析：
① 错误的坐姿容易导致身体出现什么问题？
② 培养正确坐姿的意义是什么？

参考答案：
① 错误的坐姿容易导致身体骨骼形态发生改变，影响身体姿态的美感。
② 培养正确的坐姿有助于提高工作效率和生活质量，树立良好的职业形象。

一、坐姿的基本要求

坐姿的基本要求包括以下几个方面。

（1）立腰、挺胸、上体自然挺直。
（2）不满坐是谦恭，入座时坐满椅子的三分之二。
（3）女士的膝盖一定要并起来，脚可以放中间，也可以放在侧边。
（4）男士膝盖可稍微分开，但不宜超过肩宽。
（5）双腿叠放时，要注意收紧上面的腿，脚尖下压，绝不能以脚尖指向别人。
（6）不要抖腿。
（7）起立时，右脚向后收半步而后起立。

女士标准式坐姿与男士标准式坐姿分别如图3-2-1和图3-2-2所示。

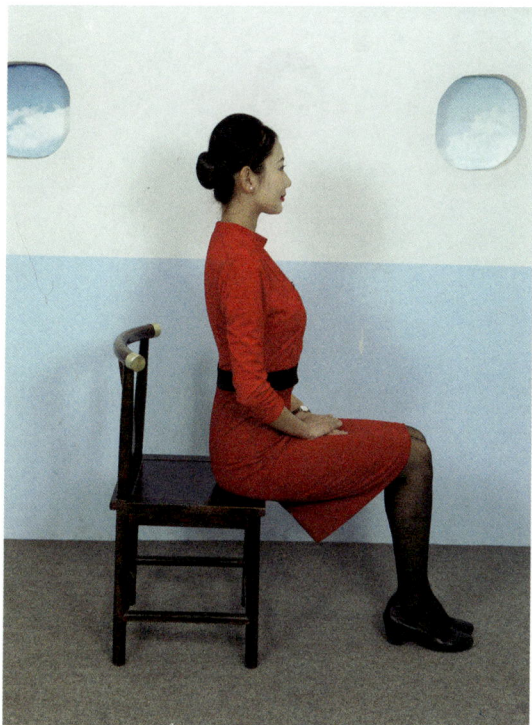

图3-2-1 女士标准式坐姿

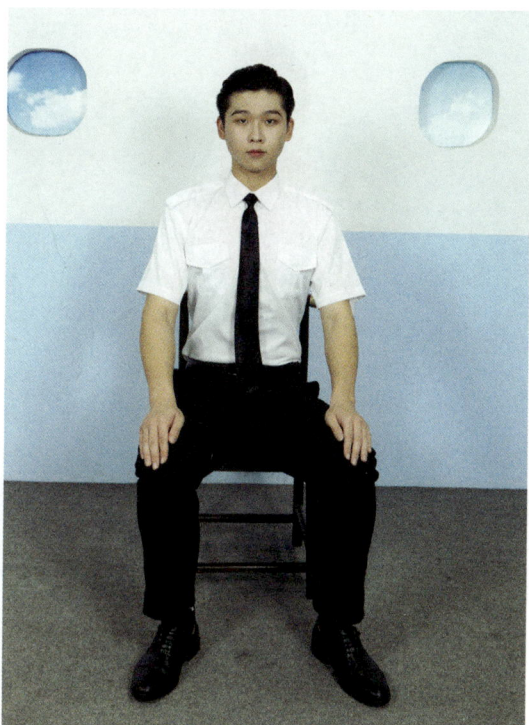

图3-2-2 男士标准式坐姿

二、常用坐姿

1. 女士常用坐姿

（1）女士前伸后屈式坐姿：在女士标准式坐姿的基础上，左腿前伸，右小腿收回，全脚掌着地，两脚前后在一条直线上，大腿靠紧，双膝合拢。女士前伸后屈式坐姿如图3-2-3所示。

（2）女士双脚交叉式坐姿：适用于各种场合，首先双膝要并拢，然后双脚在踝部交叉，交叉后的双脚可以内收，可以斜放，但不宜向前直伸出去，这种坐姿男士也可适用。女士双脚交叉式坐姿如图3-2-4所示。

（3）女士双腿斜放式坐姿：首先双腿并拢，然后双脚向左或向右侧斜放，斜放后的腿部与地面呈45°夹角，适合女性着裙装时使用。女士双腿斜放式坐姿如图3-2-5所示。

（4）女士双腿叠放式坐姿：适合女性着裙装时使用，造型优雅。要求将双腿一上一下交叠在一起，交叠后的两腿之间没有间隙，如同一条直线。双腿或斜放于左侧或斜放于右侧，腿部与地面约呈45°夹角，叠放在上的脚尖垂向地面。女士双腿叠放式坐姿如图3-2-6所示。

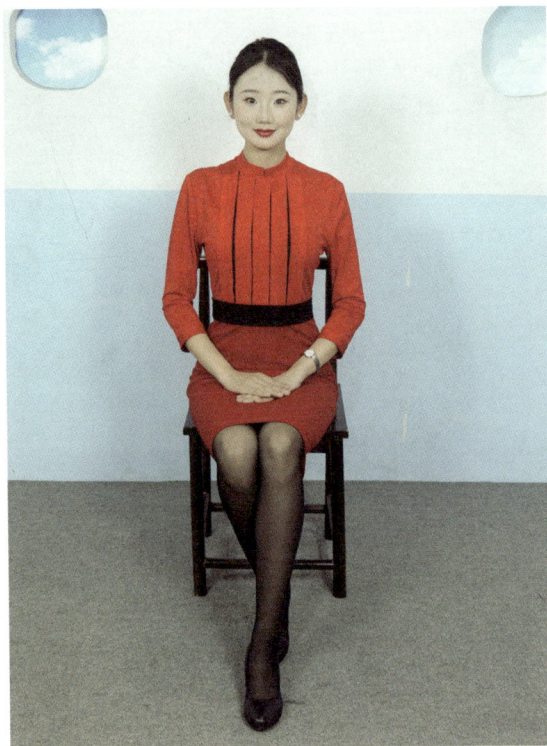

图3-2-3　女士前伸后屈式坐姿

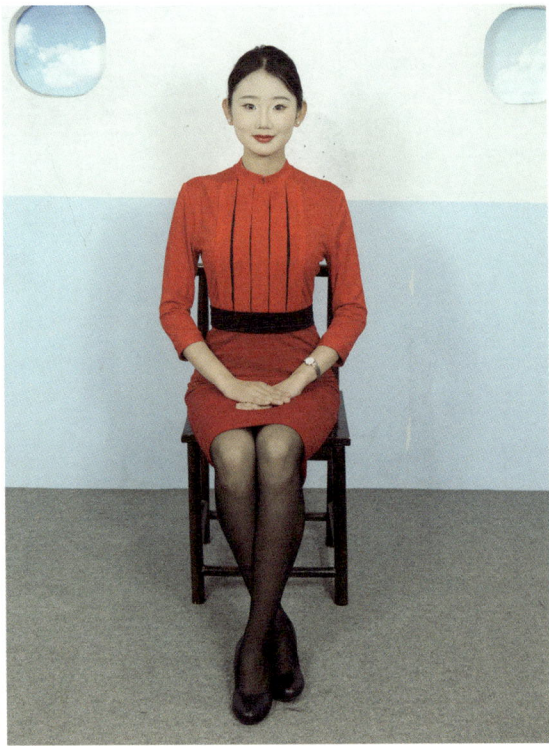

图3-2-4　女士双脚交叉式坐姿

图3-2-5　女士双腿斜放式坐姿

图3-2-6　女士双腿叠放式坐姿

2. 男士常用坐姿

（1）男士垂腿开膝式坐姿：多适用于正式场合。要求上身与大腿、大腿与小腿皆为直角，小腿垂直于地面。双膝分开，但不得超过肩宽。男士垂腿开膝式坐姿如图3-2-7所示。

（2）男士大腿叠放式坐姿：多适用于非正式场合。要求两条腿在大腿部分叠放在一起，叠放后位于下方的腿的小腿垂直于地面，脚掌着地，位于上方的腿的小腿向内收，同时保持脚尖向下。男士大腿叠放式坐姿如图3-2-8所示。

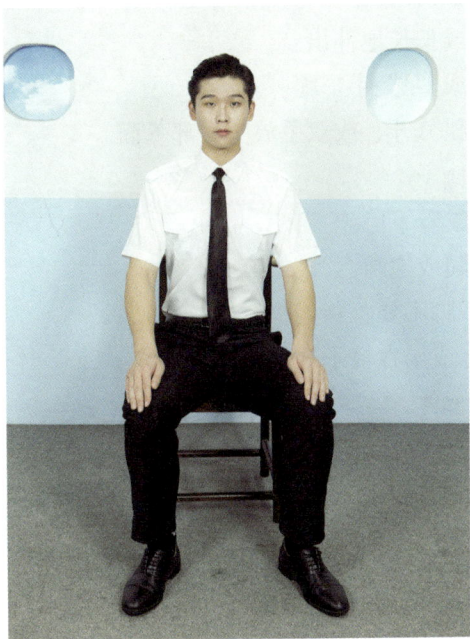

图3-2-7 男士垂腿开膝式坐姿

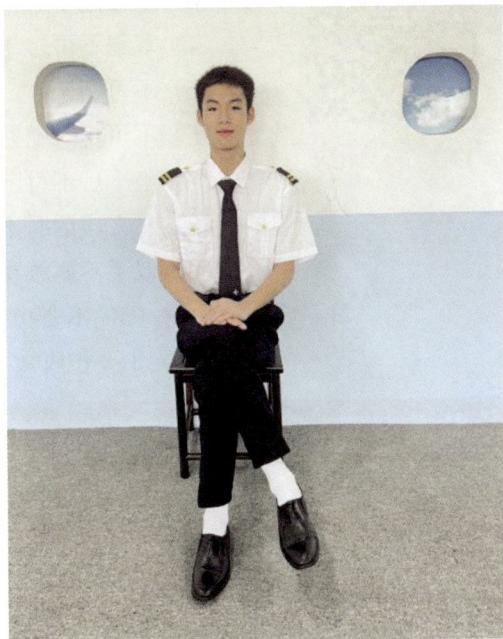

图3-2-8 男士大腿叠放式坐姿

三、入座、离座的具体方法

1. 女士入座、离座的方法

第一种：左侧入座，椅前站定，双手轻抚后裙摆（手心向外），落座于椅子的三分之二；起立，立正还原标准站姿状态，左侧离座。

第二种：左侧入座，椅前30厘米站定，右脚先退半步，右手轻抚后裙摆（手心向外），左手自然放在身体一侧，落座于椅子的三分之二，坐下后右脚向前移一小步与左脚并拢，大小腿呈90°夹角；起立，立正还原标准站姿状态，左侧离座。

2. 男士入座、离座的方法

第一种：左侧入座，椅前站定，直接落座于椅子的三分之二；起立，立正还原标准站姿状态，左侧离座。

第二种：左侧入座，椅前30厘米站定，右脚先退半步，落座于椅子的三分之二，坐下后右脚向前移一小步，与左脚齐排，大小腿呈90°夹角；起立，立正还原标准站姿状态，左侧离座。

四、坐姿的注意事项

坐姿的注意事项如下。

（1）不可前俯后仰、东倒西歪。

（2）不可摇腿、抖腿、双膝分开。

（3）不可过于放松、瘫坐在椅内。

（4）双腿不可过于叉开，或长长地伸出。

（5）不可高架"二郎腿"或"4"字形腿。

（6）不可将大腿并拢、小腿分开，或双手放于臀部下面。

（7）坐下后不可随意挪动椅子。

（8）与人谈话时不要用手支着下巴。

（9）双手不要放在两腿中间或抱腿。

（10）脚尖不要指向他人，脚不要蹬踏他物。

（11）不要把脚放在茶几上或架在椅子扶手上。

微课　坐姿礼仪

情景体验

体验一：坐姿训练

坐姿训练的要求与步骤见表3-2-1所列。

表3-2-1　坐姿训练的要求与步骤

内容	坐姿训练	地点	实训室
要求	（1）椅子排成两列，学生保持两列站姿 （2）掌握常用坐姿的基本要领 （3）能结合具体场合熟练使用不同坐姿		
步骤	（1）教师示范讲解标准式坐姿的要领 （2）学生调整，保持标准式坐姿 （3）教师纠正学生的错误，个别指导 （4）在标准式坐姿的基础上，调整手位和脚位，练习前伸后屈式、双脚交叉式、双腿斜放式、双腿叠放式坐姿 （5）学生展示、教师总结 （6）训练时可配音乐，减轻单调和疲劳		

体验二：小组讨论，仪态互检

运用所学的坐姿礼仪知识完成以下任务。

（1）作为一名职业人员，坐姿训练时应注意哪些事项？并将关键的注意事项填写于下方。

_____

_____

_____。

　　（2）两人一组，互相检查平时坐姿有哪些不正确的地方，并将不正确的坐姿及改正办法填写于下方。

_____

_____

_____。

思考练习

　　① 如何训练自己的坐姿？
　　② 良好坐姿的意义是什么？

任务3-3　走姿礼仪

　　走路的姿势往往最能体现一个人是否有信心。正确的走路姿势要做到轻、灵、巧。男士要稳定、矫健；女士要轻盈、优雅。

▶任务案例

　　人的走姿可以传递出很多种情绪，如愉快、沮丧、热情、懒散、懈怠等。

　　心理学家史诺嘉丝发现：步伐较大且有弹力、双手用力摆动的人，通常比较自信、乐观、有目标；走路时拖沓着步伐且快慢不定的人，比较犹豫、悲观、没有主见；喜欢支配别人的人，走路时喜欢脚向后高踢；女性走路时手臂摆得愈高，愈说明她精神饱满、精力充沛；走路不怎么摆动手臂的女性，大多正处在思绪混乱或沮丧的时候。

　　讨论分析：
　　① 为什么要注意走姿？
　　② 作为一名职业人员，应该怎样走出大方优美的姿态？
　　参考答案：
　　① 行走是人的基本动作之一，最能体现出一个人的精神面貌。行走姿态的好坏可以反映人的内心境界和文化素养的高下，能展现出一个人的风度、风采和韵味。
　　② 行走时要自然大方，收腹挺胸，姿态正确，不能弯腰驼背，双目平视前方，面带微笑。

走姿是指一个人在行走过程中的姿势。它以人的站姿为基础，始终处于运动中。所谓"行如风"，指行走动作连贯，从容稳健。走姿体现的是一种动态的美，因此协调和韵律感是走姿的最基本要求。

一、走姿的基本要求

走姿的基本要求包括以下几个方面。

（1）挺胸抬头、目光平视前方、微收下颌。

（2）神态平和、面带微笑。

（3）脚尖向前、重心在脚尖上、脚有节奏地向前迈进。

（4）双臂平稳、在身体两侧自然摆动，摆幅为前30°至后15°。

（5）女性走路时两脚内侧应保持在一条直线上，步伐为一只脚左右的距离。

微课 走姿礼仪

（6）男性走路要自然、简洁，同时保持身体挺直，显示出阳刚之美。

女性正确走姿如图3-3-1～图3-3-3所示。

图3-3-1 女士走姿正面　　　　图3-3-2 女士走姿侧面　　　　图3-3-3 女士走姿背面

男性正确走姿如图3-3-4～图3-3-6所示。

二、特殊情况下的走姿

（1）引领客人时。当走在前面引领客人时，应走在客人的左前方约1米左右，与客人的行进速度相协调，不能走得太快或太慢；请对方开始行进时，应面向对方稍许欠身，行进过程中与对方交谈或答复问题时，应以头部、上身转向对方。行进中一定要处处以对方为中心，经过拐角、楼梯等处，要有及时地关照提醒。

（2）向客人告辞时。向客人告辞时，扭头就走是失礼的，应面向客人先后退至少两三步再转体，步幅宜小，轻擦地面，转体时要先转身体，头稍后再转。

图3-3-4 男士走姿正面　　　图3-3-5 男士走姿侧面　　　图3-3-6 男士走姿背面

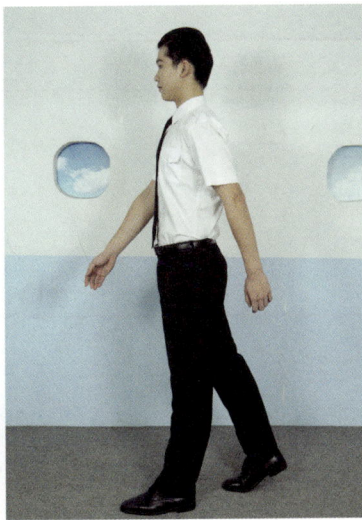

（3）穿行时。客人在地方狭小的通道、过道或楼梯间谈话时，不能从中间穿行，应先道一声"对不起，请让一下"，待对方挪动后再从侧面或背面通过。

（4）出入房门时。引领客人出入房门要先通报，进入时要以手开门，请客人先进，随后要反手关门，面向客人；离开时要礼让客人，请对方先离开。

三、走姿的注意事项

走姿的注意事项包括以下几个方面。

（1）行走时，不要两脚尖向内、向外形成"内八字"或"外八字"。

（2）行走时，不要低头、驼背、歪脖、摇晃肩膀；步幅要均匀、步速不要过快。

（3）行走时，不能扒肩搭背、拉手搂腰。

（4）行走时，不要扭腰摆臀、左顾右盼、脚擦地面。

（5）行走时，不可手插衣袋，尤其不可插裤袋，也不要叉腰或倒背着手。

情景体验

体验一：走姿训练

走姿训练的要求与步骤见表3-3-1所列。

表3-3-1 走姿训练的要求与步骤

内容	走姿训练	地点	实训室
要求	（1）椅子排成两列，学生保持两列站姿 （2）掌握走姿的基本要领 （3）能结合具体场合熟练使用不同走姿		

（续表）

内容	走姿训练	地点	实训室
步骤	（1）教师示范讲解走姿的要领 （2）学生两人一组，练习走姿 （3）其他学生点评，教师总结 （4）设计场景，练习走姿 （5）训练时可配音乐，减轻单调和疲劳		

体验二：小组讨论，仪态互检

运用所学的走姿礼仪知识完成以下任务。

（1）作为一名职业人员，行走时应注意哪些事项？并将关键的注意事项填写于下方。

_____

_____

_____

_____。

（2）两人一组，互相检查平时行走姿态有哪些不正确的地方，并将不正确的走姿及改正办法填写于下方。

_____

_____

_____

_____。

思考练习

① 优美走姿的注意事项是什么？
② 男士和女士的走姿区别是什么？

任务3-4　蹲姿礼仪

蹲是由站立的姿势转变为两腿弯曲和身体高度下降的姿势。蹲姿是人们在比较特殊的情况下所采用的一种暂时性的姿态。虽然是暂时性的体态，但也是有讲究的。

任务案例

2017年9月1日是《开学第一课》这档节目开播的第十年，本期节目以"中华骄傲"为主题向全国少年儿童开讲，引导中小学生从博大精深的传统文化中寻找中国自信的源泉。

节目组邀请一些与主题相符的人来进行言传身教。节目中，主持人董卿蹲下双膝跪地采访一位已有96岁高龄的老先生。对于这个画面。很多人称赞董卿为"最美的中华骄傲"，对于一位老人来说，蹲下主持只为了能够让他听得更加清晰一点，对于董卿来说，蹲下双膝跪地采访体现了她尊师敬长，体现她对于老先生的尊重。

（资料来源：根据相关网络资料整理而得）

讨论分析：

① 职业人员在什么样的场合会使用蹲姿？

② 蹲姿表达了何种态度？

参考答案：

① 职业人员在日常生活和工作中，捡拾掉在地上的东西或者整理位置较低的物品时，会使用到蹲姿。在拍照合影或与对方谈话时，如果与对方身高不对等，则应采取半蹲的姿势，目光平视对方，再进行拍照合影或交谈。

② 蹲姿可以展示一个人谦逊、友善、尊重和关注的态度，体现一个人良好的职业素养和职业道德。

在生活和工作中，人们经常用到蹲姿。当腰弯至45°以下时，必须采用蹲姿。采用蹲姿要迅速、美观、大方。服务人员在工作时用到蹲姿的场合比较多。例如，与小朋友或者老年人沟通时，会采用蹲姿，给人以亲切、关怀的感觉；从餐车中拿取餐食时会采用蹲姿；捡拾客舱地板上的东西时会采用蹲姿；等等。为乘客拾起掉在地板上的物品等，这些都是服务人员工作中的动作，此举可以表达服务人员善解人意、平等待人、关怀他人的态度。从地上捡东西或照集体照时需要蹲下，这时优雅的蹲姿能够凸显你的修养。

一、蹲姿的基本要求

1. 蹲姿的基本要领

蹲姿的基本要领如下。

（1）下蹲拾物时，应自然、得体、大方，不遮遮掩掩。

（2）下蹲时，两腿合力支撑身体，避免滑倒。

（3）下蹲时，应使头、胸、膝关节在一个角度上，使蹲姿优美。

（4）女士无论采用哪种蹲姿，都要将腿靠紧，臀部向下。

微课 蹲姿礼仪

2. 常用的蹲姿

（1）女士交叉式蹲姿：下蹲时，左脚在前，右脚在后，左小腿垂直于地面，全脚着地，

左腿在上，二者交叉重叠；右膝由后下方伸向左侧，右脚跟抬起，并且脚掌着地；两脚前后靠近，合力支撑身体；上身略向前倾，靠紧双腿，臀部朝下。女士交叉式蹲姿如图3—4—1所示。

（2）男士高低式蹲姿：下蹲时，一脚在前，一脚在后，两腿向下蹲；前脚全着地，小腿基本垂直于地面，后脚脚跟提起，脚尖着地；臀部向下，基本上由后腿支撑身体，可将腿稍微分开。男士高低式蹲姿如图3—4—2所示。

图3—4—1　女士交叉式蹲姿

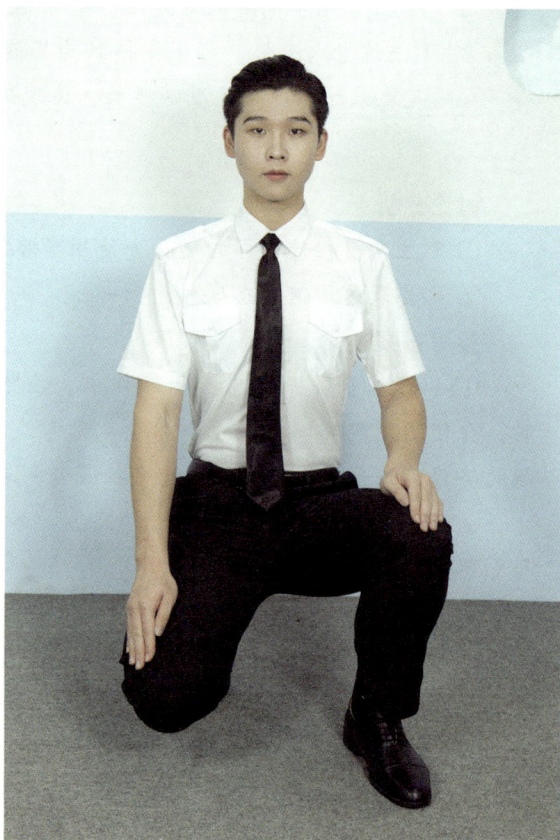

图3—4—2　男士高低式蹲姿

二、蹲姿的注意事项

（1）弯腰捡拾物品时，切忌两腿叉开，臀部向后翘起；切忌两腿展开平衡下蹲，其姿态不优雅。

（2）脊背保持挺直，臀部一定要下移，避免弯腰翘臀的姿势。

（3）若用右手捡东西，可以先走到东西的左边，右脚向后退半步后再蹲下来。男士两腿间可留有适当的缝隙，女士要两腿并紧，穿旗袍或短裙时需更加留意，以免尴尬。正确蹲姿如图3—4—3所示。

图3－4－3　正确蹲姿

情景体验

体验一：蹲姿训练

蹲姿训练的要求与步骤见表3－4－1所列。

表3-4-1　蹲姿训练的要求与步骤

内容	蹲姿训练	地点	实训室
要求	（1）椅子排成两列，学生保持两列蹲姿 （2）掌握蹲姿的基本要领 （3）能结合具体场合熟练使用不同蹲姿		
步骤	（1）教师示范讲解蹲姿的要领 （2）学生两人一组，练习蹲姿 （3）其他学生点评，教师总结 （4）设计场景，练习蹲姿 （5）训练时可配音乐，减轻单调和疲劳		

体验二：游戏训练

全体成员站成一个圆，其中一人手拿绣球站于中央，手中的绣球抛到谁，谁就要听从对方指令做相应的礼仪动作。动作要规范，注意保持微笑。

思考回答：

（1）当你做动作时，遇到哪些困难？

_____

_____

_____ 。

（2）在进行规范动作时，哪些动作要领容易忘记？

_____

_____

_____ 。

（3）请其他成员对做礼仪动作的人的行为规范进行客观评价。

_____

_____

_____ 。

思考练习

① 正确蹲姿的注意事项是什么？

② 女士有几种蹲姿？分别是什么？

③ 男女士蹲姿的不同点是什么？

任务3-5　鞠躬礼仪

鞠躬在日常生活中是一项不可缺少的礼仪。鞠躬被视为一个人的态度，头低得越深，腰弯的程度越大，表示你的诚意越深，尊重的程度越高。这一规则在中国、日本、朝鲜都广泛应用。服务人员迎送客人、自我介绍时，可以行鞠躬礼，以表示欢迎与尊重。

▶任务案例

暑假期间，一位实习生来到香格里拉大酒店的前厅实习。正值旅游旺季，大厅里宾客络绎不绝。一位拉行李箱的客人走进大厅，行李员立即微笑着迎上前去，鞠躬问候，并跟在客人身后问客人是否需要帮助。这位客人也许是有急事，嘴里说了声"不用，谢谢"，头也没回地径直朝电梯走去。那位行李员向匆匆离去的背影深深地鞠了一躬，嘴里还不断地说："欢迎，欢迎！"

这位实习生对此困惑不解，便问身旁的酒店经理："当面给客人鞠躬是为了礼貌服务，可那位行李员朝客人的背影深鞠躬又是为什么呢？"

讨论分析：

你能回答这位实习生的问题吗？

参考答案：

当面给客人鞠躬是为了礼貌服务，可那位行李员朝客人的背影深鞠躬是因为从心底里表达对客人的恭敬与尊重。服务人员不管是在人前或是人后，服务的态度都应是一致的，这位行李员的做法体现了服务人员良好的职业素养。

"弯身行礼，以示恭敬"，两人相见，弯腰曲身以待，即鞠躬礼。鞠躬礼起源于中国商代，商代有一种祭天仪式"鞠祭"，在该仪式中，祭品牛、羊等不切成块，而将整体弯卷成圆的鞠形，再摆到祭处奉祭，以此来表达祭祀者的恭敬与虔诚。这种习俗在一些地方一直保持到现在，人们在现实生活中，逐步沿用这种形式来表达自己对地位崇高者或长辈的崇敬。这也是"鞠躬"一词最早的由来。鞠躬是对他人表示敬重的一种郑重礼节。职业人员行正确的鞠躬礼不仅传递出对客人的尊重，还体现了自身的敬业精神。

一、鞠躬的基本要求

鞠躬的基本要求包括以下几个方面的内容。

（1）挺胸、抬头、收腹，后背、颈部挺直，自腰以上向前倾。

（2）上身抬起的速度要比下弯时稍慢一些（快下慢起）。

（3）上身向下弯时，要先看对方的眼睛，再看对方的脚，抬身后，再次注视对方的眼睛，千万不要看自己的脚或低垂着头，那样就形成低头认罪状，是一种不雅的姿态。

鞠躬参考图3—5—1~图3—5—3所示的规范动作，具体要领如下。

图3—5—1　服务站姿　　　　　　图3—5—2　鞠躬礼　　　　　　图3—5—3　礼毕

* 保持服务站姿。　　* 自腰以上向下前倾。　　* 上身抬起，速度稍慢。
* 神态自然。　　　　* 先看对方的眼睛，再看对方的脚部。　　* 再次注视对方的眼睛。
* 面带微笑。　　　　* 上半身和头部呈一直线。　　* 礼毕。
　　　　　　　　　　* 女士双手搭放于腹前。
　　　　　　　　　　* 男士双手下垂贴于裤缝。

二、鞠躬礼的种类及适用范围

1.15°鞠躬

15°鞠躬也被称作一度鞠躬，常用于打招呼，如图3—5—4所示，商务场合的交往多采用15°鞠躬。

2.30°鞠躬

30°鞠躬也被称作二度鞠躬，常用于自我介绍和表示感谢，如图3—5—5所示，服务人员迎宾送客时多采用30°鞠躬。

3.45°鞠躬

45°鞠躬也被称作三度鞠躬，常用于表示歉意，如图3—5—6所示，接待特别重要的客人时可采用45°鞠躬。

图3—5—4　15°鞠躬

图3—5—5　30°鞠躬

图3—5—6　45°鞠躬

4.90°鞠躬

90°鞠躬也被称作深鞠躬，常用于表示深度敬意或歉意，如图3—5—7所示，在中国传统的婚礼等正式仪式中可采用90°鞠躬，服务场合中很少使用。

图3—5—7　90°鞠躬

三、行鞠躬礼的注意事项

行鞠躬礼的注意事项包括以下几个方面。

（1）鞠躬时必须脱下帽子，戴帽鞠躬是不礼貌的。

（2）鞠躬时，嘴里不能吃东西或叼着香烟，不能够把手插在衣袋里。

（3）鞠躬时目光应该向下看，表示谦恭的态度，不可以一面鞠躬一面翻起眼睛看着对方。

（4）在直起身时，双眼应该有礼貌地注视着双方，如果视线移向别处，那么即使行了鞠躬礼，也不会让人感到诚意。

微课　鞠躬礼仪

（5）鞠躬时应微笑地致以相应的问候语或告别语，如"您好""早上好""欢迎光临""见到您很高兴""欢迎再次光临"等。

（6）若是迎面相遇，应停下来鞠躬，不可边走边鞠躬，在鞠躬后，应向右边跨出一步，给对方让开路。

情景体验

体验一：鞠躬训练

鞠躬礼仪规范训练的要求与步骤见表3-5-1所列。

表3-5-1　鞠躬礼仪规范训练的要求与步骤

内容	鞠躬礼仪规范训练	地点	实训室
要求	（1）学生在实训室面对面排成两列，保持标准站姿 （2）掌握服务中常用的鞠躬礼：15°鞠躬、30°鞠躬、45°鞠躬 （3）身体端正、表情自然、呼吸平稳、姿态标准		
步骤	（1）教师讲解并示范鞠躬的基本要领 （2）学生练习分解动作：基本站姿—鞠躬—礼毕 （3）教师纠正学生的错误，个别指导 （4）学生面对面两人一组自主练习 （5）配合问候语（如您好、欢迎光临），进行练习 （6）综合展示，教师讲评 （7）训练时可配音乐，减轻单调和疲劳		

体验二：体验不同场合下的鞠躬礼

（1）在走廊里遇到客人时行鞠躬礼，一般鞠躬的度数为（　　　）。

（2）接受客人点菜完毕，祝客人用餐愉快时，鞠躬的度数为（　　　）。

（3）让客人久等了，客人很恼火，要投诉你，你道歉时鞠躬的度数为（　　　）。

思考练习

① 鞠躬的基本要求是什么？

② 行鞠躬礼的注意事项有哪些？

任务3-6　手势礼仪

手势又被称为手姿，是肢体语言的一种，是服务工作中必不可少的一种体态语言。手势礼仪是仪态中最丰富、最具表现力的礼仪，摊开热情的双手，可能就会收获一份友谊，如果伸出你的中指，那么必然会失去一个客人。适当地运用手势，可以增强感情的表达。职业人员手势的运用应当规范适度，并且符合礼仪。

▶任务案例◀

朋友小美刚从国外留学回来，最近她向我抱怨这样一件事："每次参加完活动，老板都会先对我的表现夸奖一番，最后提醒我下次不要加入太多手势，显得太夸张了。我好冤枉啊，只不过是肢体语言丰富了点，在国外都是这样啊！"

我安慰她道："没错，外国人的肢体语言比较丰富，如手势，你很可能是在国外已经养成了习惯，但既然已经回国了，就应该慢慢适应，我想你的老板也没有其他意思，他应该是为了企业形象着想吧。我建议你改掉那些夸张的手势。何况，你别忘了，一个手势在国外可能是一个意思，在咱们国家很可能就是其他意思啊！"

听到这里，小美很疑惑，如何才能正确地运用手势呢？

讨论分析：你能回答这位留学生的问题吗？

参考答案：手势是一种非语言交流的方式，相同的手势在不同的国家代表的含义可能不相同。留学生小美应入乡随俗，认真查阅不同手势在不同国家代表的含义，并正确使用，这样可以很好地缓解跨文化交流中的障碍，让信息传递的更加精准。

手势其实是随着谈话的节奏自然而然做出来的姿势，说话在先，手势随后，而不是先故意摆出手势，再说话。另外，手势不等于手舞足蹈，点到为止即可，不要过于夸张。手势一定是从你这边发出的信号，而不是去拍打对方身体的某个部位，后者不属于手势，而是不礼貌的行为。不要刻意用手势，过多的手势会干扰听者的思维。

一、手势的规范标准

五指伸直并拢，掌心斜向上，腕关节伸直，手与前臂呈直线，以肘关节为轴弯曲140°左右，手掌与地面的夹角约为45°，如图3-6-1所示。

微课　手势礼仪

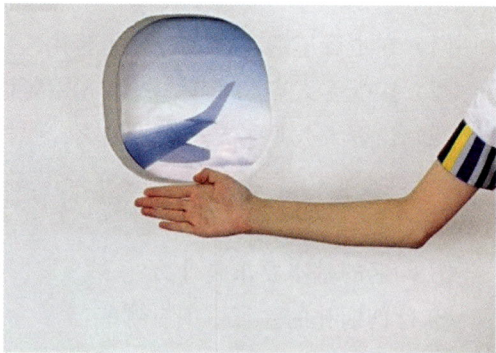

图3-6-1　手势

二、服务时常用的手势

1. 横摆式手势

引领客人时可用横摆式手势，要领：五指伸直并拢，手掌自然伸直，手心向上，肘作弯曲。以肘关节为轴，手从腹前抬起向右摆动至身体右前方；同时，脚站成丁字步。头部和上身微向伸出手的一侧倾斜，另一只手下垂或背在背后，面带微笑。横摆式手势如图3—6—2所示。

2. 递接物品时的手势

接物时，两臂适当内合，自然将手伸出，两手持物，五指并拢，将东西拿稳，同时点头致意或道谢。递物时，双手拿物品在胸前递出，并使物体的正面对着对方，不可单手递物。递笔、剪刀之类尖利的物品时将头朝向自己，不可指向对方。递接物品时的手势如图3—6—3所示。

图3—6—2　横摆式手势　　　　　　图3—6—3　递接物品时的手势

3. 介绍时的手势

为他人做介绍时，手势动作应文雅。无论介绍哪一方，都应手心朝上，手背朝下，四指并拢，拇指张开，手掌基本上抬至肩的高度，并指向被介绍的一方，同时面带微笑。介绍时的手势如图3—6—4所示。

4. 前摆式手势

如果左手拿着东西或扶着门，要向客人做向左"请"的手势时，可以用前摆式手势。要领：五指并拢，手掌伸直，由身体一侧由下向上抬起，以肩关节为轴，手臂稍曲，到腰的高度再由身前向左方摆去，摆到距身体5厘米处，同时目视客人，面带微笑。前摆式手势如图3—6—5所示。

三、使用手势时的注意事项

使用手势时应注意以下事项。

（1）与客人沟通时，手势动作要舒展自然，同时配合面部表情，如轻松的微笑，或者配合礼貌用语。

（2）任何时候，手势不宜过多，动作幅度不宜过大或者迅猛，也不能手舞足蹈，以轻巧明确为好。

图3—6—4　介绍时的手势　　　　　　　　图3—6—5　前摆式手势

（3）不能用食指指点别人，更不要用拇指指自己。

（4）在服务过程中禁止使用失敬于人的手势，如摆弄手指、手插口袋、双臂抱起、双手抱头等。

（5）不卫生的手势要禁止，如搔头、掏耳朵、抠鼻孔、擤鼻涕、修指甲等。

你知道吗?

中外手势含义差异

不同国家的文化差异巨大，一些我们认为是正面意思的手势，在其他国家可能就是带有消极甚至侮辱意义的手势。在面对外国客人时需要注意的手势如下。

1. OK

在美国和国内，大家看到"OK"这个手势都会很高兴，因为它代表"好的""干得漂亮""没问题"等这样积极的意思。

在日本，人们认为"OK"很像一枚硬币的样子，因此用它代表钱。

在巴西、德国，"OK"象征着人体上非常隐蔽的孔。对他们而言，做这个手势与"竖中指"无异。

在法国，这个手势表示"零"或者"毫无价值"，因此比出这个手势就是说对方一文不值。

在撒丁岛和希腊地区，"OK"表示"滚开"。

2. 竖大拇指

在美国和欧洲部分地区，竖大拇指通常用来表示搭车。

在尼日利亚，竖大拇指被认为是侮辱性手势。

在澳大利亚，竖大拇指表示骂人。

在希腊和意大利，向上竖大拇指意味着"滚蛋"等含义。

3. "V"形手势

"V"是英文和法文"胜利"的第一个字母。在第二次世界大战期间，欧洲沦陷区的民众把大写字母"V"写在墙上，以表示其爱国心。

在英国、澳大利亚和新西兰，手背朝外比出"V"形手势，就相当于比中指或者骂人。据说，该手势的致意起源于英法百年战争。法国扬言要砍掉所有英国人射箭的手指，结果最后英国大胜，因此摆出手指来炫耀自己是完好无损的。

4. 竖掌叫停

在国内，如果你想和一个赶路的人说话，想让他们慢点走，或者想让车停下来，就可以做竖掌叫停的手势。在北美地区，该手势同样适用。

在希腊，这个手势叫作MOUTZA（煤渣）！它的起源可以追溯到拜占庭时期，当时人们用煤球或者粪便把犯罪分子的脸抹黑。因此，这个手势带有侮辱性的含义。

5. 勾手指

在国内大家普遍认为，勾起食指的意思是"过来"。

在菲律宾，勾手指这个手势只适用于狗狗。对人做这个手势被看作带有贬义色彩，表示你看不起他。

情景体验

体验一：手势训练

手势礼仪规范训练的要求与步骤见表3—6—1所列。

表3-6-1　手势礼仪规范训练的要求与步骤

内容	手势礼仪规范训练	地点	实训室
要求	(1) 掌握手势的动作要领 (2) 动作舒展，表情自然，眼神柔和		
步骤	(1) 教师讲解练习要求 (2) 学生对着镜子，练习几种不同的手势，注意与眼神的协调 (3) 学生展示 (4) 教师总结 (5) 训练时可配音乐，营造氛围，减轻疲劳		

体验二：情境表演

手势迎宾过程演练及要求如下。

(1) 学生自由组合，两人一组（客人和服务人员）。

(2) 练习手势迎宾的过程。

(3) 要求：①迎宾服务过程中所用手势符合礼仪规范；②站姿、微笑、问候语符合迎宾礼仪规范。

思考练习

① 常用手势运用的场合有哪些？

② 手势服务的注意事项有哪些？

任务3-7 握手礼仪

2023年3月20日，习近平主席会见俄罗斯总统普京，并热情握手。

当地时间3月20日下午，刚刚抵达莫斯科的国家主席习近平应约在克里姆林宫与俄罗斯总统普京展开会谈。二人热情握手并合影。两位元首就中俄关系及共同关心的问题进行了深入、坦诚探讨。

讨论分析：

① 由该案例可以看出在什么场合可采用握手礼？

② 两位元首的握手表达什么含义？

参考答案：

① 在进行国与国之间的邦交时，可采用握手礼。

② 建立信任，增进彼此的友谊，展示双方的情感，并开启良好的合作关系；象征合作、和解、和平。

大到国与国之间的正常邦交，小到人与人之间的正常社交，都离不开握手礼。握手可以消除双方之间的隔阂，建立信任。

握手礼通常是在表示欢迎、欢送、见面、告辞、感谢、慰问和合作时使用的礼节。握手的力量、姿势与时间往往能够表达出不同的礼遇和态度。

握手礼最早起源于欧洲，握手表示手里没有武器，象征着信任和友谊。现在它已经成为世界各国普遍采用的"见面礼"。握手礼是职场的必修课，正确、得体、热情的握手象征着尊敬和礼貌，能够给人留下深刻的印象。

一、握手的基本要求

1. 伸手的先后次序

握手时伸手的先后次序，一般应遵循"尊者先"的礼仪原则，即身份、地位高的人先伸手。

（1）职位高者和职位低者握手时，职位高者先伸手，职位低者后伸手。

（2）年长者和年少者握手时，年长者先伸手，年少者后伸手。

（3）男士和女士握手时，女士先伸手，男士后伸手。

2. 特殊情况

在现实生活中，握手的先后次序有些特殊情况。例如，主人和客人握手时，伸手的次序则另有规则：①主人在机场、车站或家中迎接客人时，主人要先伸手，表示友好和欢迎；②客人提出离开时，客人先伸手，表示感谢和告辞。

3. 与多人握手的先后次序

在实践中，除两人握手时要注意彼此伸手的先后次序外，一人与多人握手时，也要注意先后次序。

（1）由尊而卑的顺序，即从地位高的人开始，依次往下。

（2）由近而远的顺序，即不能跳跃握手，而应从离得最近的人开始握手，依次进行。

二、握手的方法

1. 握手的正确姿势

（1）站姿：距握手对象1米左右，呈立正姿势，左手置身体左侧，上身略前倾。

（2）手姿：右手手臂前伸，手臂自然弯曲，拇指张开，四指并拢，掌心向左，手掌垂直于地面，男士与女士握手时握到对方手指三分之一处，方法如图3-7-1所示；男士与男士握手时可全握，方法如图3-7-2所示；女士与女士握手时可全握，方法如图3-7-3所示。

图3-7-1　男士与女士握手方法

图3-7-2　男士与男士握手方法

图3-7-3　女士与女士握手方法

（3）神态：目视对方，面带微笑，同时向对方问候（"你好，很高兴与你见面"）。

2. 握手的力度

（1）男士之间握手力度稍大。

（2）男士与女士握手力度稍轻。

（3）女士之间握手力度稍轻。

3. 握手的时间

握手的时间一般以3秒左右为宜，上下抖动约两下，双目应注视对方，同时微笑致意或问好。

微课　握手礼仪

三、握手的要点

握手的要点：①伸出右手，四指并拢，拇指张开；②双眼正视对方，面带微笑；③握手时间为3秒左右，力度适中；④保持基本站姿，上身稍前倾；⑤使用恰当的语言。

四、握手的禁忌

握手的禁忌：①忌用左手握手；②握手时，忌戴帽子、墨镜和手套；③避免交叉握手；④握手时不要将另外一只手插在衣袋里；⑤握手时不要仅仅握住对方的手指尖；⑥握手时忌面无表情；⑦握手时不可左顾右盼。

> ▶ **你知道吗？**
>
> **握手时一般说什么？**
>
> 初次见面握手时说："很高兴认识您。"
>
> 朋友重逢握手时说："最近好吗。"
>
> 合作成功握手时说："谢谢。"
>
> 接待客人握手时说："欢迎光临。"
>
> 告别握手时说："保重，一路平安。"

情景体验

体验一：握手训练

握手礼仪规范训练的要求与步骤见表3—7—1所列。

表 3-7-1　握手礼仪规范训练的要求与步骤

内容	握手训练	地点	实训室
要求	（1）学生在实训室面对面排成两列 （2）掌握握手的基本要领 （3）准确判断握手的顺序、时机，正确进行握手		
步骤	（1）教师讲解握手的顺序、时机、力度和要领 （2）学生练习握手 （3）教师个别指导 （4）配合问候语，进行练习 （5）学生展示、教师总结 （6）训练时可配音乐，减轻单调和疲劳		

体验二：小游戏

游戏规则如下。

（1）将所有学员两两分组，当两人见面时，每人都同时向对方打出一个代表自己希望与对方以何种见面礼节相见的手势。

（2）出"1"，代表自己希望与对方的见面方式是"点头"；出"2"，代表自己希望与对方的见面方式是"握手"；出"3"，代表自己希望与对方的见面方式是"握手的同时，自然地拍拍肩膀"；出"4"，代表自己希望与对方的见面方式是"握手后拥抱对方"。

（3）若双方所出的手势不一致，以小的手势为准。例如，一方出"3"，另一方出"2"，双方完成"2"对应的见面礼。

总结：该游戏十分简单，但十分有趣。随着游戏的进行，在热闹的表面下，学员的心里会发生十分微妙的变化。全体人员在"大转盘"一轮一轮的转动中，内心也在不断地琢磨着对方会出几、自己该出几。该游戏大部分轮次的结局是同样的：自然而然地大家最后都会互相出"4"，即全体互相握手后拥抱。游戏在极其热烈的气氛中结束。

思考练习

① 握手时伸手的先后次序是怎样的？

② 握手的禁忌有哪些？

任务3-8　微笑礼仪

微笑是一个很简单的动作，嘴唇微微牵动便可完成。真诚的微笑须发自内心，它会牵动眉宇、唇齿和面部肌肉，经由表情、语气和动作散发出来，容不得虚假和伪装。真正的微笑是要与心情契合的，服务人员需要带着一颗善良、豁达、感恩的心，诚恳地欢迎客人。对服务行业来说，微笑服务至关重要。

> **▶任务案例**
>
> 在企业入职培训中，企业强调服务过程中要保持微笑。实习生小李在刚上岗时都会面带微笑向客人问候、为客人服务。领导正想表扬她时，却发现，小李脸上的微笑突然不见了。小李说：“遇到客人，我都非常热情地问候，可是有些客人理也不理。他们不理我，我也觉得没意思。”
>
> **讨论分析：**
> ① 实习生小李的观点对吗？
> ② 如果你是领导，那么你会如何开导小李？
>
> **参考答案：**
> ① 实习生小李的观点存在认知偏差。身为服务人员，我们的一举一动都影响着客人的感受，微笑是人类最基本的动作，对服务行业来说至关重要。微笑服务指服务人员带着真诚的笑容为客人提供服务，同时反映出服务人员的美好心灵和高尚情操。微笑服务并不意味着只是脸上挂笑，而应是真诚地为客人服务。微笑服务最重要的是在感情上把客人当亲人、当朋友，与他们同欢喜、共忧伤。
> ② 有时候个别客人会因劳累或者我们工作上的差错而发脾气，或者说一些激动的话语，但是服务人员绝对不能因客人的不礼貌而表现出不耐烦的情绪。相反我们应该通过主动、热情的微笑服务使客人意识到自己的失礼。

一、微笑的魅力

在日常人际交往中，最能迅速传递给对方的是人的面部表情。作为一种无声的语言，面部表情被称为“世界语”。微笑是一种令人感觉愉快的面部表情，它带着友善，展示着诚意，能够迅速缩短与对方的心理距离，为沟通和交往营造出和谐氛围。

1. 微笑显示着宽容与自信

一个人能面露微笑，说明他心情愉快、乐观向上、待人真诚友好、不斤斤计较。在与其交往时就会自然放松，产生信任感，不知不觉地缩短了心理距离。

2. 微笑有很强的感染力

人的面部表情、反映了人的情绪。人的情绪都具有某种程度的感染力，而微笑的感染力最强、作用最持久。微笑可以将友好、和谐、尊重传递给他人。有学者把微笑比作和煦的春风，使人感到温暖、亲切和愉快，从而营造出一种和谐的交际氛围。

> **▶ 案例点拨**
>
> "如果你微笑，全世界的人都会和你一起微笑。"
>
> 1991年，美国北达科他州立大学的两位心理学家在很多购物中心做了微笑实验。一名研究人员对着随机挑选的人微笑，而另一名研究人员观察人们的反应。经过数小时观察，他们发现，大约有一半的人会回应一个微笑。
>
> **点拨分析：** 心理学家认为，在不自觉的情况下，人们会主动模仿周围人的面部表情，通过模仿，我们能够迅速感受到别人内心的感觉，更便于相互沟通。这类实验也证明，情绪确实是会感染的。因此，如果你不想伤心抑郁，而想拥有快乐的好心情，就应该选择与乐观开朗的人做朋友。
>
> （资料来源：根据相关网络资料整理而得）

3. 微笑是人际交往的润滑剂

微笑是消除芥蒂、化解矛盾、排遣紧张、缓解压力、慰藉他人、广交朋友、友善待人的有效方式。见面时握手、问候、交换名片，甚至交谈都需要微笑，全社会人人都需要微笑。

4. 微笑表现乐业敬业

在工作岗位上保持微笑，说明热爱本职工作，乐于恪尽职守。在服务岗位，微笑可以创造一种和谐的气氛，让服务对象倍感愉快和温暖。

二、微笑服务的种类及标准

1. 合乎礼仪笑的种类

（1）含笑：不出声，不露齿，只是面带笑意，表示接受对方，表达友善，适用范围较为广泛。

（2）微笑：唇部向上移动，略呈弧形，但牙齿不外露，表示自乐、充实、满意、友好，具有一种磁性的魅力，适用范围最广。微笑如图3—8—1所示。

（3）轻笑：嘴巴微微张开一些，上齿显露在外，不发出声响，表示欣喜、愉快，多用于会见客户、向熟人打招呼等情况。轻笑如图3—8—2所示。

（4）淡笑：笑的时候抿嘴，下唇大多被含于牙齿中，多用于年轻女性表示害羞之时，通常又被称为抿嘴而笑。

（5）大笑：由于表现太过张扬，一般不宜在商务场合中使用。

图3-8-1　微笑

图3-8-2　轻笑

2. 微笑服务的标准

微笑服务包含两个方面的标准，具体见表3-8-1所列。

表3-8-1　微笑服务的标准

标准	内容
面部表情	（1）面容亲切，嘴角微微上翘，自然露出6~8颗牙齿
	（2）微笑时真诚、亲切、善意、充满爱心
	（3）口眼结合，嘴唇、眼神含笑
眼睛与眼神	（1）目光友善，眼神柔和，自然流露真诚
	（2）正视顾客，不左顾右盼、不心不在焉
	（3）眼睛注视对方双眼和嘴之间的部位

微课　如何微笑

▶ **案例点拨**

　　海底捞是餐饮行业中的佼佼者，而它最让大家津津乐道的是服务，而微笑服务是海底捞服务中一种最为典型的表现。海底捞的微笑服务不是老板管理下催生的强制性微笑服务，而是发自内心的微笑服务。从停车场开始，顾客就进入了海底捞的气场，不论是穿戴整齐的保安，还是走出大厦迎接顾客的服务员，都带着纯朴而热情的笑容，将顾客送往电梯。如果顾客需要等位，那么有美甲师和专职擦皮鞋的员工为顾客微笑着效劳。在海底捞一落座，很快就会有笑语盈盈的服务员走过来，为顾客进行点单服务。在整个进餐的过程中，顾客时刻都可以看到服务员脸上洋溢的笑容。虽然在海底捞的员工手册的任何一页，你都找不到微笑应该露6颗牙齿或8颗牙齿的标准，但在任何一家海底捞的门店，你都无法忽略每个员工脸上发自内心的微笑。这种微笑不含任何修饰，却能恰到好处，让人感到十分舒心。

点拨分析：海底捞式的微笑服务源于海底捞的微笑理念，即认同公司，快乐工作。在海底捞崇尚的是经理对领班微笑，领班对员工微笑，员工对客人微笑，最后客人对海底捞微笑。正是这种微笑链，让海底捞式的微笑深入人心，并为顾客所感知、推崇。海底捞从"人"这个关键词出发，进行以人为本的服务开发，将微笑的真谛运用、融合于整个经营管理中去，从而打造出让消费者为之惊喜的微笑服务。在海底捞，微笑就是最好的味道，很多客人走进海底捞，就是为了享受海底捞式的微笑服务。海底捞的微笑服务给餐馆经营者带来的启示是，要做好服务就要让微笑深入人心。

（资料来源：根据相关网络资料整理而得）

三、微笑服务的注意事项

微笑服务的注意事项如图3-8-3所示。

1. 发自内心

微笑不只是动动嘴角就可产生，任何一点儿虚伪和做作都会使人反感甚至厌恶；在工作岗位上只有把顾客当作自己的朋友来尊重，才会很自然地发出会心的微笑。唯有这种笑，才是客人需要的笑，也是最美的笑。

2. 一视同仁

如果遇到一个彬彬有礼的客人，那么服务人员露出微笑也许不难，但如果遇到一个满身酒气或者出言不逊的客人，仍然能平静地露出微笑恐怕就有点难度，因为服务人员也会有喜怒哀乐。当感到沮丧、郁闷、焦躁、愤怒时，我们需要学会控制情绪，调动你的脸部表情做微笑状，一项实验表明，当你微笑的表情保持两分钟时，你的心情也会受到感染。

3. 感情沟通

微笑服务不仅体现在表情上，还体现在与客人感情的沟通上。当你向客人微笑时，要表达的意思是："见到您我很高兴，很愿意为您服务。"试想一下，如果一个服务员只会一味地微笑，而对客人内心想法、要求一概不知、一概不问，那么这种微笑又有什么用呢？因此，微笑服务最重要的作用是感情沟通，拉近与客人心理上的距离。

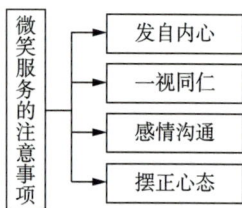

图3-8-2 微笑服务的注意事项

微笑服务的注意事项 → 发自内心 → 一视同仁 → 感情沟通 → 摆正心态

4．摆正心态

微笑由心而生，要自然而然地微笑。摆正心态，必须正确领会客我之间的关系，建立对人、对己、对工作的合理认知。上岗前，服务人员若发现自我情绪状态不佳，应主动进行自我调控，调整到最佳状态，时刻保持一种轻松愉快的心情。

四、微笑服务的方法

微笑是与生俱来的，但若要找到自己最美的微笑、最佳的状态并恰如其分地使用服务用语，需要进行专业的训练。照镜子法便是一种简单有效的方法。

1．筷子微笑训练法

（1）用上下两颗门牙轻轻咬住筷子，看看自己的嘴角是否已经高于筷子了。继续咬着筷子，嘴角最大限度地上扬。也可以用双手手指按住嘴角向上推，上扬到最大限度。

（2）保持上一步的状态，拿下筷子。这时的嘴角就是你微笑的基本脸型。能够看到上排8颗牙齿就可以了。再次轻轻咬住筷子，发出"YI"的声音，同时嘴角向上、向下反复运动，持续30秒。

（3）拿掉筷子，查看自己微笑时的基本表情。双手托住两颊从下向上推，并要发出声音，反复数次。放下双手，同上一个步骤一样数"1、2、3、4"，也要发出声音。重复30秒结束。

2．微笑口型法

念普通话"茄子""钱"，英文字母"G"或者"E"，这些字、词的发音口型正好是微笑的最佳口型。

3．对镜微笑法

取一张厚纸遮住眼睛下边部位，对着镜子，心里想着最使你高兴的情景。这样，你的整个面部就会露出自然的微笑，眼睛周围的肌肉也处于微笑的状态，这是"眼形笑"。然后放松面部肌肉，嘴唇也恢复原样，可目光中仍然含笑脉脉，这就是"眼神笑"。

在练习时辅助"欢迎光临""早上好""先生，您好"之类的话，需要面带微笑地说。

情景体验

体验一：微笑训练

微笑训练的要求与步骤见表3—8—2所列。

表3-8-2　微笑训练的要求与步骤

内容	微笑训练	地点	实训室
要求	（1）掌握微笑的基本要领 （2）表情自然，眼神柔和		

（续表）

内容	微笑训练	地点	实训室
步骤	（1）教师讲解并示范练习要求 （2）学生对着镜子，练习微笑，调整自己的嘴形，注意与眼神的协调 （3）学生展示 （4）学生选出微笑明星 （5）教师总结 （6）训练时可配音乐，营造氛围，减轻疲劳		

体验二：情境表演

微笑迎宾过程演练及要求如下。

（1）学生自由组合，两人一组（客人和服务人员）。

（2）练习微笑迎宾的过程。

（3）要求：①迎宾服务过程中所展示微笑符合礼仪规范；②站姿、手势、问候语符合迎宾礼仪规范。

思考练习

① 微笑的魅力是什么？

② 微笑服务的注意事项有哪些？

模块四 职业交往礼仪

▶ 模块介绍

　　交往礼仪泛指人们在社会交往活动过程中形成的应共同遵守的行为规范和准则，具体表现为礼节、礼貌、仪式、仪表等。在日常社交场合中，交往礼仪不仅能体现个人的修养，还能展现所在企业的形象，因此作为职场人员应具备良好的交往礼仪，既能给对方留下深刻的印象，获得他人的尊重，又可以建立和谐融洽的合作关系。

▶ 学习目标

　　① 掌握日常交往礼仪中的会面礼仪、语言（沟通）礼仪、电话礼仪、信函与电子邮件礼仪的相关知识。

　　② 能够在学习、生活和职场中正确运用会面礼仪、语言（沟通）礼仪、电话礼仪、信函与电子邮件礼仪与他人交往。

　　③ 能够运用日常交往礼仪中的会面礼仪、语言（沟通）礼仪、电话礼仪、信函与电子邮件礼仪，塑造良好的职业形象，提升职场交往能力。

▶ 礼仪警句

　　博学于文，约之以礼。

——孔子

▶ 礼仪观点

　　约翰·梅森·布朗是一位作家兼演说家。一次他应邀参加一个会议，并进行演讲。演讲开始前，会议主持人将布朗先生介绍给观众，下面是主持人的介绍语："先生们，请注意了。今天晚上我给你们带来了不好的消息。我们本想要求伊塞卡·马克森来给我们讲话，但他来不了，病了。后来我们要求参议员布莱德里奇前来，可他太忙了。最后，我们试图请堪萨斯城的罗伊·格罗根博士，也没有成功。因此，我们请到了——约翰·梅森·布朗。"

（资料来源：https：//mp. weixin. qq. com/s/DMys9n5U-4kiWHo6LnJzNQ）

观点：介绍礼仪是一切社交活动的开始，是人际交往中使互不认识的人之间解除陌生感，缩短人与人之间的距离，建立必要的了解、信任和联系的一种最基本、最常见的方式。介绍是交际之桥，通过自己主动沟通或者通过第三者从中沟通，交往双方相互认识、建立联系、加强了解和增进友谊。良好的介绍礼仪能体现介绍者的个人素养，给人留下美好的印象。

任务4-1　会面礼仪

在现代生活中，人们的交往范围日益广泛，似乎每天都在认识新的朋友。会面通常指在较为正式的场合与别人相见。在日常工作中，办公室员工往往需要会见各式各样的客人。在会见他人时，尤其是当办公室员工以主人的身份在工作岗位上会见正式来访的客人时，既要对对方热情、友好，又要讲究基本的会面礼节。在工作岗位上，会见客人的礼节甚多。对一般的办公室员工而言，称呼、问候、介绍、握手、座次、合影等，当属人人皆须掌握的最基本的会面礼节。

▶ 任务案例 ◀

某公司新建的办公大楼需要添置一系列的办公用具，价值数千万元。该公司的总经理决定向F公司购买这批办公用具。这天，F公司的销售部负责人打来电话，要上门拜访总经理，总经理打算等对方来了，就在订单上盖章，定下这笔生意，不料对方比预约的时间提前了两小时。原来，对方听说该公司的员工宿舍也要在近期内落成，希望员工宿舍需要的家具也能向F公司购买。为了谈这件事，F公司的销售部负责人还带来了一大堆的资料，摆满了台面。总经理没料到对方会提前到访，刚好手边又有事，便让秘书告知对方等一会儿。F公司销售部负责人等了不到半个小时就开始不耐烦了，一边收拾资料一边说，"我还是改天再来拜访吧。"这时，总经理发现对方在收拾资料准备离开时，将自己刚递上的名片不小心踫掉在了地上，对方却没有发觉，走时还无意中从名片上踩了过去。但这个不小心的失误却令总经理改变了初衷，F公司不但没有机会与对方商谈员工宿舍的家具之事，而且就连即将到手的数千万元办公用具的生意也告吹了。

（资料来源：刘伟. 旅游职业礼仪与交往 [M]. 北京：旅游教育出版社，2015.）

讨论分析：

请你说说F公司没谈成生意的原因有哪些？

参考答案：

F公司没谈成生意的原因有：①没有合理安排好时间到访；②提前到访后没能耐心等候；③没能妥善保管好甲方公司的名片。

一、拜访礼仪

1. 拜访要求

（1）了解情况、提前预约。拜访应有备而去，要先了解拜访对象的基本情况，如个人情况、家庭情况、在单位的职务、主管的工作、性格特征等，只有这样才能达到拜访的目的。无论是事务性拜访还是礼节性拜访，都应在事先通过各种方式（如电话、短信、信函等）与拜访对象进行预约，并告知拜访的目的与要求，同时商定拜访的时间。这样能避免自己赴空或主人有事而无暇接待。当你要去某位亲朋好友家中拜访时更应当面或打电话约好合适的时间再行前往，这样既尊重对方又便于让对方做些准备，从而让拜访在宾主双方都方便的情况下愉快进行。如果不打招呼就贸然前往，很可能会打乱主人的计划，对其工作和生活带来诸多不便。在预约时如果是自己主动提出拜访对方，语言应礼貌，语气要和缓，时间安排要与对方商量，应尽量避开对方可能不便的时间，如难得的节假日、工作忙碌的时间、用餐时间、午休时间、凌晨或深夜。一般选在周末或晚饭后较好，这个时间主人一般有接待来访者的思想准备。若有变动或是特殊情况不能前去，应尽可能提前通知对方，并表示歉意，无故失约是很不礼貌的。如果对方要拜访自己，通常不要拒绝，若确实有事不能接待，一定要充分说明理由。

（2）注重仪表、选择礼品。拜访做客时，要注重仪表。整洁的仪表服饰反映来访者对主人的尊重，尤其是公务拜访时，自己的形象不仅代表个人，还代表组织的形象。仪表除要整洁、大方外，还要注意着装和修饰要符合自己的身份和角色。因此，最好选择那些穿起来显得高雅、庄重而又不失亲切、随和的服装。除公务拜访外，初次登门或节日拜访最好适当带些礼品，以示正式和尊重。所带的礼品应尽量适合主人的需要，到家中拜访时最好以老人、儿童、拜访对象的配偶为受礼对象。礼品以鲜花、水果和日常用品为好。

（3）准时赴约、举止文明。准时赴约是拜访的最高礼节，它表现了对主人的尊重。在赴约过程中，如果路程比较远，应把时间放得宽一些，把路上有可能出现的意外考虑在内，以免耽误时间。一般提早5分钟或准时到达是符合礼仪要求的。若因故不能按时到达，应及早通知对方，并说明原因，以免对方久候，无法及早告知时见面后必须马上向对方道歉，并说明原因。无故失约又不及时相告是对人极不尊重的表现。拜访时应做到有礼有节、言谈得体、举止文明。进门前有电铃的要按电铃，没有的应轻轻叩门，待有回音或有人开门后，方可进入。即使门是半开或全敞开的，也应轻轻叩门询问，待听到了主人招呼后再进门。若遇雨雪天气，随身带来的雨具要放到主人指定的地方，不能随意乱扔；若鞋子带有泥土，应先擦干净后再进门。

（4）真诚致谢，适时告辞。拜访时间不宜过长，问题解决、目的达到之后应对对方表示感谢，并主动起身告辞。告辞前不要显出急不可耐的样子，合适的告辞时间是在你自己说完一段话之后，最好不要在主人或其他人说完一段话后就说走，否则会使人误以为你对他说的话不耐烦。如果来客很多，自己有事需要早走，应悄悄向主人告辞，并表示歉意。如果主人有新客人来访，应同新客人打过招呼之后，尽快告辞，以免妨碍他人。如果到家中拜访，告辞时还应向家属致意，主人站起相送时应及时请主人留步，并再次表示感谢，走时应适时回头告辞。

2. 商务拜访

商务拜访过程中的礼仪要求众多，归纳以下几点。

（1）应具备较强的时间观念。拜访他人可以早到却不能迟到，这是常识，也是拜访活动中最基本的礼仪之一。提前到达可以借富裕的时间整理拜访时需要用到的资料，并正点出现在约定好的地点。迟到是失礼的表现，不但是对被拜访者的不敬，而且是对工作不负责任的表现，从而让被拜访者对你产生负面看法。

值得注意的是，如果因故不能如期赴约，必须提前通知对方，以便被拜访者重新安排工作。通知时一定要说明失约的原因，态度诚恳地请对方原谅，必要时须约定下次拜访的时间。

（2）先通报后进入。到达约定地点后，如果没有直接见到被拜访者，拜访者不得擅自闯入，必须经过通报后再进入。在一般情况下，前往大型企业拜访，首先要向接待人员交代自己的基本情况，待对方安排好以后，再与被拜访者见面。当然，在社会活动中不免存在这样的情况——被拜访者身处某一宾馆，如果拜访者已经抵达宾馆，切勿鲁莽直奔被拜访者所在房间，而应该由宾馆前台打电话通知被拜访者，同意后再进入。

（3）举止大方，温文尔雅。见面后打招呼是必不可少的。如果双方是初次见面，拜访者必须主动向对方致意，简单地做自我介绍，然后热情大方地与被拜访者行握手之礼。如果双方已经不是初次见面了，要主动问好致意，这样可以显示出你的诚意。握手时要注意，如果对方是长者、高职位者或女性，自己绝对不能先将手伸出去，这样有抬高自己之嫌，是对他人不敬的举止。见面礼行过以后，在被拜访者的引导之下，进入指定房间，待拜访者落座以后，自己再坐在指定的位置上。

（4）开门见山，切忌啰唆。谈话切忌啰唆，简单的寒暄是必要的，但时间不宜过长，因为被拜访者可能有很多重要的工作等待处理，没有过多时间接见来访者，这就要求谈话要开门见山，简单的寒暄后直接进入正题。

当对方发表自己的意见时，打断对方讲话是不礼貌的行为。应该仔细倾听，将不清楚的问题记录下来，待对方讲完以后再请求给予解释。如果双方意见产生分歧，一定不能急躁，要时刻保持沉着冷静，避免破坏拜访气氛，影响拜访效果。

（5）把握拜访时间，不宜太长。在商务拜访过程中，时间为第一要素，拜访时间不宜拖得太长，否则会影响被拜访者的其他工作安排。如果双方在拜访前已经设定了拜访时间，必须把握你事先规定的时间，如果没有对时间问题做具体要求，那么要在最短的时间里讲齐所有问题，然后礼貌地起身离开，以免耽误被拜访者处理其他事务。

（6）拜访结束须告辞。拜访结束起身告辞时，要向被拜访者表示"打扰"歉意。出门后，回身主动与被拜访者握别，说"请留步"。待被拜访者留步后，走几步再回首挥手致意表示"再见"。

商务拜访是当今最流行的一种办公形式，也是对礼仪要求最多的活动之一。掌握好上述礼仪要领，将有助于商务工作的顺利开展。

3. 公务拜访

公务拜访是因工作需要到对方工作场所进行的拜访，一般商务目的性很强且较为严肃，因其特殊性应更重视礼节。

（1）礼貌进入。拜访时如果有秘书专门引导，可随秘书直接到被拜访者的办公室。如果没有专门人员引导，可走到办公室门前，先敲门经允许后方可进入办公室。

（2）高效交谈。进入办公室后，首先要问候对方。初次见面，应作简单的自我介绍，说明来意，并递上名片。简短寒暄过后，可提出公务的需要，礼貌地请对方尽量照顾解决，一次解决不了的可以再约时间，不可言语啰唆、纠缠不止。

（3）恰当赠礼。公务拜访时一般情况无须赠送礼品，但如果是为了向对方表示感谢或为了得到对方的支持，可准备一些纪念性礼品。

（4）适时告辞。公务拜访时一般应按照约定时间限度掌握好交谈时间，告辞时应礼貌地说"打扰您了""谢谢您"，并握手告别。走出门后，应把门轻轻带上，若有秘书送别，应礼貌与其致谢告别。

4. 居家拜访

居家拜访主要是指因私人关系到他人家中所进行的拜访，在居家拜访时除要遵守拜访的基本原则外，还应注意以下拜访的礼仪。

（1）进门时如果发现主人家地面为地毯或是地板，可学主人样子脱了鞋进屋，进门后，应先向主人问好、施礼、寒暄，并同主人的家属及其他人打招呼。若有带去的水果、鲜花等礼物，此时可递上。

（2）按主人指定的位置入座，并注意坐姿。主人未让坐之前，不能随意坐下，如果被拜访的是长辈或是上级，更应彬彬有礼。

（3）主人递上泡好的茶水时应起立双手接过并致谢，主人请吃水果、小食品时若已削好或开启，可适当吃一点，注意果皮果壳不要乱扔乱放，也不要边吃水果或食品，边走来走去或翻看主人家的藏书，以免果汁或食品屑洒落在地上和书上。若主人家没有备有烟灰缸，就不应吸烟。

（4）交谈时要专心，不要左顾右盼，谈话要直奔主题，不要拐弯抹角，语气、语调要适宜，态度平和，不要随便打断别人的话，更不能自以为是地乱发议论或卖弄自己，尤其在长辈面前更是如此。交谈时应注意交谈话题选择，不该问的事不要多问。

（5）拜访中未经主人允许，不要随便翻动主人家的东西，也不要随便进入主人家的其他房间。若对其他房间感兴趣，可以提出参观的请求，在主人的带领下参观，参观时对主人引以为豪的地方要及时赞美；若主人房间的大小或装修不如自己，不能乱作比较，参观时不要对主人的亲属、朋友表现出过多的兴趣。

5. 宾馆拜访

外地客人到达本地多住在宾馆里，得知消息后应尽快前去进行礼节性拜访。拜访时应注意以下几个方面的礼节。

（1）拜访前，预约时间时应问清宾馆详细地址，以及楼层、房号等。

（2）到宾馆后，可径直去约定见面的房间，也可到服务台打个电话，经客人允许后，再进入他的房间。你也可以在宾馆大堂的休息区先坐下，再电话通知他你的到来，还可告知你可以等他，不必着急。

（3）走到房间门前时再核对一下房号，确定无疑后开始按铃或敲门，敲门后站直于门前，稍往后退以便对方开门打量你。开门后应做自我介绍，经邀请后再进入房间。

（4）若房间带会客厅，谈话应在会客厅进行，而不宜进入卧房区。作为东道主你应热情欢迎客人到来，并简单介绍本地的风土人情、旅游胜地；同时关心询问客人在生活上、工作上、起居方面有何需要。拜访时可带一些当地特产或水果等礼物，但不应太多。

（5）拜访时尽量不要使用客人房间的设施或物品，尤其是洗手间，如果确需使用，应先征得客人的同意。

6. 探望病人

到医院探望病人是人们日常交往和职场交往中经常会遇到的事情。探望病人可使病人和家属得到精神上的安慰，同时可以加深了解、增进友谊、培养感情，医院是特殊场合，在探望时应注意以下礼仪。

（1）了解病人情况。探望病人前应该事先尽可能了解病人的病情、所住医院的情况及病人的心理状况，以便选择适合的礼物和交谈的话题。

（2）控制探望时间。探望病人应在医院允许的探视时间进行，去之前应掌握医院允许的探视时间规定。一般早晨、吃饭时、饭后休息时、傍晚和夜间是病人必须静养的时候，应避免前往，尤其注意不要在病人刚住进医院或刚做完手术时便去探望，否则会影响病人的治疗和休息，通常在上午8~10点或下午4点左右去医院探望病人比较适宜（探望病人的日期还应遵守当地的习俗，有些地区认为初一、十五不适合看望病人）。探望病人时不能在病人的房间里待得过久，过久不仅会使病人感到疲劳，还会妨碍其他病人的休息，一般时间应掌握在15分钟左右。

（3）选择探病话题。在与病人交谈时，选择的话题需要特别留意，因为病人此时会变得很敏感，交谈时表情宜轻松、自然、乐观，神态不要过于沉重，更不要在病人面前落泪，以免给病人造成精神压力。与病人交谈时话题应尽量明朗轻松，讲话时轻声细语，多说些宽慰与鼓励的话使病人增加战胜疾病的勇气，尽可能不要在病人面前谈及他的病情可能带来的后遗症。交谈时也可谈些外面的趣闻，让病人的心情愉快起来。

（4）携带合适礼品。探望病人时可根据病人所患疾病及其病情慎重选择合适的礼品，如一束香味淡雅的鲜花、一本优美的小说或一些适合病人食用的水果和营养品等。

二、介绍礼仪

介绍是一种最基本、最常规的沟通方式，是人与人相互认识的桥梁，是人们开始交往的第一步。在人际交往中，介绍与被介绍都是很重要的环节，无论是采用自我介绍的方式，还是他人介绍的方式，都应遵守必要的礼节。根据在介绍中的处境和身份不同，介绍可分为自我介绍、他人介绍和集体介绍。

1. 自我介绍

自我介绍是指在社交场合中，把自己展现给其他人，以使对方认识自己。自我介绍的目的是让别人了解自己，以结交朋友、建立关系。

1）自我介绍的形式

（1）应酬式。应酬式自我介绍适用于某些公共场合和一般性的社交场合，它的对象主要是进行一般接触的交往对象。应酬式自我介绍的内容最为简洁，只需要介绍名字。例如："你好！我是熊晨。"

（2）交流式。交流式自我介绍主要适用于社交活动中，是希望对方认识自己，进一步交流与沟通，与自己建立联系的自我介绍。交流式自我介绍内容包括姓名、工作、籍贯、学历、兴趣以及与交往对象的某些熟人的关系等。例如："我叫李莉，现在在××工作，我主要负责××工作。"

（3）工作式。工作式自我介绍主要适用于工作场合。工作式自我介绍的内容包括姓名、供职单位及其部门、职务、具体工作等。例如："你好！我叫张妮妮，是××公司公关副经理。"

（4）礼仪式。礼仪式自我介绍适用于庆典、仪式、讲座、报告、演出等正规而隆重的场合。礼仪式自我介绍内容包括姓名、单位、职务等。例如："各位来宾，大家好！我叫赵宇，是××公司的总经理。现在，由我代表本公司热烈欢迎大家光临我们的周年庆典仪式，谢谢大家的支持。"

（5）问答式。问答式自我介绍一般适用于应试、应聘和公务交往。

2）自我介绍的基本要求

（1）自我介绍时要选对时机。

① 没有其他介绍人在场的时候。

② 没有其他闲杂人员在场的时候。

③ 对方并未忙碌，而且看起来有一个较为轻松的心情。

④ 周围的环境比较安静、氛围比较舒适的时候。

⑤ 比较正式的社交场合。

⑥ 对方在与别人谈话出现停顿的时候。

微课　介绍礼仪

（2）自我介绍时要控制好时间。自我介绍力求简短，长话短说，以半分钟为宜。

（3）自我介绍时要设计介绍的内容。自我介绍应包含本人姓名、单位名称、具体部门、担任的职务和从事的具体工作等基本要素。自我介绍时，还应讲究态度，应态度友善、亲切随和、表示渴望认识对方的真诚情感。先向对方点头致意，得到回应后再向对方介绍自己的姓名、身份和单位，同时递上准备好的名片。

2. 他人介绍

他人介绍也叫居间介绍，即你遇到了其他的客人，客人之间不认识，你跟他们都认识，你作为第三者、第三方出面为不相识的双方做介绍、说明情况。

1）他人介绍的形式

（1）标准式。标准式他人介绍适用于正式场合，内容以双方的姓名、单位、职务为主。

（2）简介式。简介式他人介绍适用于一般的社交场合，内容只有双方姓名一项，甚至只有姓氏。

（3）强调式。强调式他人介绍适用于各种场合，其内容除姓名外，往往还会刻意强调其中一位被介绍者与介绍者之间的特殊关系。

（4）推荐式。推荐式他人介绍适用于比较正规的场合，介绍者是精心准备的，目的就是将某人推荐给某人。

（5）引荐式。引荐式他人介绍适用于普通的各种场合，介绍者所要做的就是将被介绍者双方引到一起。

（6）礼仪式。礼仪式他人介绍适用于正式场合，是一种最为正规的他人介绍，与标准式他人介绍差不多，只是语气、表达上更为礼貌、谦恭。

2）他人介绍的基本要求

（1）介绍他人的顺序：尊者居后；先男士，后女士；先晚辈，后长辈；先地位低的，后地位高的；先主人，后客人；先介绍个人，后介绍集体；女性之间，先未婚，后已婚。

（2）介绍他人的语言："请允许我向您介绍"或"让我介绍一下"。

（3）介绍他人时的表情手势：手心朝上，手背朝下，五指并拢，手指指向被介绍一方，并向另一方点头微笑。

（4）介绍他人时的注意事项：被介绍双方应起身站立，面带微笑，一般介绍者位于中间。

3. 集体介绍

集体介绍是指在双方和多方人员共同参与聚会或活动时，为使参与人员之间互相认识进行的介绍。集体介绍是他人介绍的一种特殊形式，被介绍者一方或双方都不止一人，大体可分两种情况：一是为一人和多人做介绍；二是为多人和多人做介绍。

1）集体介绍的时机

（1）规模较大的社交聚会，有多方参加，各方均可能有多人。

（2）大型的公务活动，参加者不止一方，而各方不止一人。

（3）涉外交往活动，参加活动的宾主双方皆不止一人。

（4）正式的大型宴会，主持人一方人员与来宾均不止一人。

（5）演讲、报告、比赛，参加者不止一人。

（6）会见、会谈，各方参加者不止一人。

（7）婚礼、生日晚会，当事人与来宾双方均不止一人。

（8）举行会议，应邀前来的与会者不止一人。

（9）接待参观、访问者，来宾不止一人。

2）集体介绍的顺序

集体介绍的顺序可参照他人介绍的顺序，也可酌情处理。但要注意，越是正式、大型的交际活动，越要注意介绍的顺序。

（1）"少数服从多数"。当被介绍者双方地位、身份大致相似时，应先介绍人数较少的一方。

（2）强调地位、身份。若被介绍者双方地位、身份存在差异，虽人数较少或只有一人，也应将其放在尊贵的位置，最后加以介绍。

（3）单向介绍。在演讲、报告、比赛、会议、会见时，往往只需要将主角介绍给广大参加者。

（4）人数多一方的介绍。若一方人数较多，可采取笼统的方式进行介绍，如"这是我的家人""这是我的同学"。

（5）人数较多各方的介绍。若被介绍的不止两方，需要对被介绍的各方进行位次排列。排列的方法：①以其负责人身份为准；②以其单位规模为准；③以单位名称的英文字母顺序为准；④以抵达时间的先后顺序为准；⑤以座次顺序为准；⑥以距介绍者的远近为准。

3）集体介绍的注意事项

集体介绍的注意事项与他人介绍的注意事项基本相似。除此之外，还应再注意以下两点：①不要使用易生歧义的简称，在首次介绍时要准确地使用全称；②不要开玩笑，要保持严肃，介绍时要庄重。

▶ 你知道吗？

"您"的起源

在现代汉语中，"您"原是作为第二人称"你"的敬语出现的。唐朝以前，在汉语中只有第二人称"你"，而没有"您"这一字。但在唐朝时，有了"你们"的说法，表示第二人称复数，"你们"连读，读快了就会念成"您"。宋元时期，很多文学作品把"你们"简称为"您"，这时的"您"只是"你们"的合音，并没有别的含义。宋元以后，"您"的含义逐渐由多数向单数过渡，用以表示尊敬。此外，因为"您"源于"你们"，所以现代汉语中第二人称"您"后面不能加助词"们"表示复数。但近年来有很多人在书信、讲话中，开始使用"您们"来表示对多人的尊敬。一些语言学家也主张用"您们"这一说法。

情景体验

体验一：拜访礼仪练习

拜访礼仪练习的要求与步骤见表4—1—1所列。

表4-1-1　拜访礼仪练习的要求与步骤

内容	拜访礼仪练习	地点	实训室
要求	(1) 通过练习，提高日常商务拜访的能力 (2) 通过练习，将日常商务拜访的知识转化为实际的能力，提升服务交往能力 (3) 通过学生互评、自评，检验对拜访礼仪的掌握程度		
步骤	(1) 4人一组，分角色实训 (2) 师生点评纠错 (3) 教师纠正学生的错误，个别指导 (4) 进行演练		

体验二：介绍礼仪训练

模拟办公室场景：你是A公司的经理秘书小陈，如何采用正确的介绍方式把公司新报道的公关部经理黄女士介绍给你的上级张总经理（男）、人事部总监陈女士？

介绍礼仪训练的要求与步骤见表4—1—2所列。

表4-1-2　介绍礼仪训练的要求与步骤

内容	介绍礼仪训练	地点	实训室
要求	(1) 语言表达清楚，讲普通话，表情自然、大方，服装整洁 (2) 内容规范		
步骤	(1) 学生收集资料，结合所学，自己撰写欢迎词 (2) 教师提供介绍的视频，学生评价（语言、规范、仪态） (3) 学生展示 (4) 自我评价、生生评价 (5) 教师评价、总结		

思考练习

① 简述拜访的要求。

② 简述介绍他人的顺序。

任务4-2　语言（沟通）礼仪

语言是人类最重要的交际工具，是人类特有的，用来表达思想、交流情感、沟通信息的工具。职场上的语言礼仪，既代表着个人的修养、知识水平，也代表着企业的形象和管理水平。因此，服务人员的语言技巧、语言形象、应变能力和表达能力，都会影响个人和企业的利益。

▶任务案例

张先生在为女性朋友定做生日蛋糕。他来到一家酒店的餐厅，对服务员说："小姐，您好，我要为一位朋友订一份生日蛋糕，同时打一份贺卡，可以吗？"可张先生没有留下友人的具体姓名，服务员也忘了问。生日蛋糕做好后，服务员按张先生提供的地址到酒店客房送生日蛋糕。敲门后，一女士开门，服务员有礼貌地说："太太您好，这是您的蛋糕？"女士愣了愣，不高兴地说："送错了！"服务员丈二和尚摸不着头脑，抬头看看门牌号，又打个电话问张先生，张先生表示房间号码没错。服务员再次敲门，"没错，太太，这是您的蛋糕"，那女子大声说："告诉你错了，这里只有小姐，没有太太！"啪一声，门被用力关上了。

讨论分析：

① 女士为何生气？

② 服务员错在什么地方？

参考答案：

① 女士生气的原因是服务员对其的称呼有误，心中不悦。

② 在一般情况下，"小姐"是对未婚女性的称呼，已婚的女性可称呼为"太太"或"夫人"，服务员错在对客人的称呼不恰当，没有弄清楚客人的朋友是已婚还是未婚，就以"太太"称呼，该服务员未能灵活地改变对对方的称呼。此外，张先生没有留下具体的姓名称呼，服务员也没能及时确认，是失职的表现。

微课　语言（沟通）礼仪

一、运用职业语言的基本要求

1. 称呼恰当

在职场交往过程中，对对方的称呼是否恰当，不仅真实地反映了其个人教养与实际心态，还客观地反映出对对方的尊重程度。使用称呼，首先要区分对象，切忌不分对象使用一样的称呼；其次要照顾习惯，即结合客人的语言习惯、文化层次、地方风俗等各种因素加以考虑，分别给予不同的对待。服务人员要了解一些称呼禁忌，以防犯忌。

2. 用词文雅、准确

服务人员在与客人交谈时，用词用语要力求谦恭、敬人、高雅、得体。注意切实致用，避免咬文嚼字、词不达意。避免使用不雅之语，其中粗话、脏话、黑话、怪话与废话，切不可出于服务人员之口。服务人员在与客人交流时使用的字、词、句都应是准确、明白无误的，应避免使用容易产生歧义、模棱两可的词语和网络语言。

3. 口齿清晰

服务人员要做到口齿清晰，语言要标准，讲普通话，发音要正确，语调要柔和，使对方既可以听清楚，又感觉舒适悦耳。在语气上表现出热情、亲切、和蔼和耐心，必须注意保持适当而自然的语速。对于自己表达的内容说得清、道得明，这就要求服务人员思路清楚、表达顺畅。

4. 语言精练

语言精练、中心突出、言简意赅是服务人员语言礼仪的基本要求之一。精练不是语言单调、词汇贫乏，而是用较少的话表达尽可能多的内容，取得以少见多的效果。切忌啰啰唆唆，拐弯抹角。

5. 掌握分寸

一般来说，善意的、诚恳的、赞许的、礼貌的、谦让的话应该说，并且应该多说；恶意的、虚伪的、贬斥的、强迫的话不应该说，因为这样的话只会造成冲突，破坏关系、伤及感情。有些话虽然出自好意，但用词不当、方式方法不妥也有可能引发不良的效果。

6. 服务忌语

使用服务忌语的最大恶果往往是出口伤人。这种伤害是相互的，在伤害了客人的同时，也对自身形象造成损害。服务人员在工作岗位上切记不可使用不尊重之语、不友好之语、不耐烦之语和不客气之语。

二、运用职业语言的原则

在实践中，把服务的精神和理念充分体现出来，这是职业语言运用的根本出发点，应遵循情感性、规范性、主动性、礼貌性、诚实性的原则。

1. 情感性原则

加里宁有句名言："如果你想使自己的语言感动别人，那么，就应该在其中注入自己的血液。"情感性原则要求服务人员对客人说话要亲切、热情，要善于运用语言的"亲和性"功能。服务人员要建立起自己的服务情感，在服务过程中，把客人当作自己的亲朋好友，营造出一种生动活泼、亲切随和的服务氛围，通过语言实现服务与被服务两者之间情感上的沟通和交流，实现心与心的交融。

与人交谈中的情感表现，不仅仅取决于个人的情绪，更取决于其服务意识和工作责任心。作为一名服务人员，与客人的交谈仅仅做到清楚、准确传递信息是远远不够的，还必须通过自己的语言与客人沟通情感，激发客人以赞赏的态度融入自己的服务，从而实现优质的服务。服务人员如何运用语言让客人直接感受到自己的亲切与诚意，这是一门学问。富有情感的语言一般具有简洁、真诚、音量适中、语调亲切、语气委婉、风趣幽默的基本特点。

2. 规范性原则

规范性原则要求服务人员的语言要符合普通话的标准和法式。服务人员接待的是全国和世界各地的客人，如果服务人员使用地方语言（方言），那么势必造成严重的语言障碍。遵循职业语言的规范性原则必须注意以下几点。

（1）语音准确，吐字清楚。语音是语言的物质外壳，是语言信息传递的外部载体，也是语言表达的基本形式，没有语音，就没有语言可言。因此，服务人员使用规范用语时不能读错字，做到"字正腔圆，掷地有声"，把握好发音，要特别注意克服方言语音的影响，避免出现声、韵、调的失误，并正确运用翘舌音、后鼻音、儿化音、轻读音等发音。

（2）语气恰当。语气是服务语言表达的重要方面，是语言面貌的重要特点。语气得当，可以充分表达服务人员对客人的情感，使客人倍感亲切。如果语气不当，会伤害客人。作为一名服务人员，不仅仅要善于从客人说话的语气中捕捉信息，更重要的是要学会巧妙地运用语气词，以实现与客人情感的沟通。具体来说，要把握好重读和轻读；忌用质问的语气说话；不能用轻视的语气说话；熟悉常用语气词的表意范畴。

（3）简单易懂。客人可能来自不同的国家和地区，情况各异，故服务语言必须通俗易懂。应注意：忌用方言俚语、忌用行话和专业术语、忌用书面语、忌用长句和逆序语。

（4）条理清楚，表达准确。在语言表达中，无论是书面语，还是交际口语，都要做到条理清楚，即中心突出、主次明确、逻辑性强，职业语言更是如此。

3. 主动性原则

服务人员不管面对什么样的客人，都要主动、热情，一视同仁地在客人开口前先开口，这就是职业语言的主动性原则。在服务中，服务人员在满足客人需要的过程中，是否在客人开口之前先开口，是衡量服务人员的服务水平和服务质量的重要标准之一。

运用职业语言的主动性原则，具体表现在以下几个方面。

（1）不论什么场合，见到客人都要主动热情地打招呼。

（2）看到客人犹豫不决时，要主动询问，使客人感到你的服务体贴入微、周到细致。

（3）当了解到客人有明显的需求动机时，要主动介绍。

（4）当发现客人遇到问题时，要主动帮助客人解决问题。

（5）当发现客人将要离店时，要主动送别。

在服务中强调主动性，并不是说服务人员在任何情况下都必须主动。要根据不同的情景、不同的需要，灵活运用主动性原则，该主动时就要主动，在特殊场合、特殊条件下，也要学会"被动"。当然，这种"被动"是为了在服务中更加主动。当客人说话时，必须让客人把话说完，这是运用主动性原则的前提。

4. 礼貌性原则

礼貌是人们在社会交往中相互尊重、相互理解、相互体谅的具体表现。礼貌包括仪容、举止、谈吐三个方面。礼貌讲话是人类礼貌表达的一种重要方式，是社会上的言行准则和道德规范的组成部分。职业语言的礼貌性原则，指服务人员说话要注意尊重客人，讲究文明礼貌，对客人做到"敬而不失，恭而有礼"。使用礼貌语言，可以体现出服务人员的善良、和蔼、大度、文雅，能给客人以尊敬的感觉和心理上的满足，博得客人的好感和谅解。

服务行业礼貌语言的使用技巧：招呼要恰当、称呼要合情理、关照询问要及时、敬贺致谢要贴切、致歉安慰要有诚意。

▶ 你知道吗？

服务礼貌用语七字诀

1. 与人相见说"您好"	2. 问人姓氏说"贵姓"	3. 仰慕已久说"久仰"
4. 长期未见说"久违"	5. 求人帮助说"劳驾"	6. 向人询问说"请问"
7. 请人协助说"费心"	8. 请人解答说"请教"	9. 求人办事说"拜托"
10. 麻烦别人说"打扰"	11. 求人指点说"赐教"	12. 得人帮助说"谢谢"
13. 向人祝贺说"恭喜"	14. 老人年龄说"高寿"	15. 身体不适说"欠安"
16. 看望别人说"拜访"	17. 请人接受说"接纳"	18. 欢迎购买说"惠顾"
19. 希望照顾说"关照"	20. 赞人见解说"高见"	21. 归还物品说"奉还"
22. 请人赴约说"赏光"	23. 自己住所说"寒舍"	24. 需要考虑说"斟酌"
25. 无法满足说"抱歉"	26. 请人谅解说"包涵"	27. 言行不妥说"对不起"
28. 慰问他人说"辛苦"	29. 迎接客人说"欢迎"	30. 宾客来到说"光临"
31. 等候别人说"恭候"	32. 没能迎接说"失迎"	33. 客人入座说"请坐"
34. 陪伴朋友说"奉陪"	35. 临分别时说"再见"	36. 中途先走说"失陪"
37. 请人勿走说"留步"	38. 送人远行说"珍重"	

5. 诚实性原则

以诚相见，真诚待客，是中华民族人际交往的传统美德。职业语言诚实性原则主要强调的是真诚与热诚，就是真实可信。真诚，要求服务人员向客人传递的语言信息要"真"和"实"，也就是要说真话和实话，不可说假话和虚话，特别是涉及客人切身利益的事情，一定要做到准确可靠。热诚，就是热心诚恳，要求服务人员对客人说话要恳切礼貌，多从客人的利益角度进行表述。

三、运用职业语言的技巧

1. 选择适当话题

应该学会选择适当的交谈沟通话题。有人认为只有深奥的话题才会让人尊敬，只有不平常的事情才值得交谈，因此在有些场合总感到无话可说。实际上交往中有许多话题是可谈的，我们不妨将日常生活中身边的事情当作话题来交谈，诸如运动、艺术、文学等。

2. 适时提问

在交谈沟通中除应注意选择适当话题外，还应学会适时提问，如"您看呢？""您觉得如何？""您怎么理解？"等，提问的目的主要是激发对方谈话的兴趣，同时，通过提问可以了解自己并不了解的情况。

3. 少讲"我"

在交谈沟通中应多谈些大家共同关心的事情，尽量少用"我"字，交谈时应以平等的态度以礼待人，一味地高谈阔论，借题发挥地炫耀自己，就会引起对方的反感。应设法让在座的每个人都参与谈话，这是对人的一种理解和尊重。

情景体验

体验一：职业语言技巧训练

职业语言技巧训练的要求与步骤见表4-2-1所列。

表4-2-1　职业语言技巧训练的要求与步骤

内容	职业语言技巧训练	地点	实训室
要求	（1）学生两人一组进行练习 （2）掌握不同岗位的服务人员的职业语言技巧 （3）要求用语恰当、亲切自然		
步骤	（1）学生两人一组，一人当客人，一人当前台接待或餐厅迎宾员，进行模拟练习，在不同时间、不同场合进行职业语言训练 （2）学生进入角色进行练习 （3）教师纠正学生的错误，个别指导 （4）教师假设不同的工作岗位，让学生进行职业语言的练习 （5）学生展示、教师总结		

体验二：职业语言应用训练

职业语言应用训练的要求与步骤见表4-2-2所列。

表4-2-2　职业语言应用训练的要求与步骤

内容	职业语言应用训练	地点	实训室
要求	（1）学生两人一组进行训练 （2）正确而规范地在服务中运用职业语言 （3）根据不同的场景，熟练掌握并灵活运用各种职业语言		
步骤	（1）教师假设不同的场景 （2）学生根据不同的场景进行职业语言练习 （3）教师纠正学生的错误，个别指导 （4）完成常见场景的职业语言训练后，教师提高场景难度，引导学生进行练习 （5）学生展示、教师总结		

思考练习

① 什么是职业语言?

② 运用职业语言的基本原则有哪些?

任务4-3　电话礼仪

▷任务案例◁

小慧是一家票务中心的订票员,接听客户电话并做好相应工作是她工作的重要内容。

这天,一名学生家长打来电话,想要咨询学生订票的事情,而小慧在接听电话时一直心不在焉、态度敷衍,对于顾客的询问也只是以"我司官网上有相关说明,你自己去查吧"来回复。顾客见状便生气质问,小慧态度恶劣,狠狠地挂断了电话。后面小慧受到客户的投诉,公司对其做出了相应的处理。

讨论分析:

① 小慧的做法是否合适?

② 请说说你认为正确的电话礼仪有哪些?

电话是现代社会公认的便利的通信工具,接打电话是一门学问、一门艺术。

作为网络社会中最普遍的沟通工具,电话消除了人与人之间距离沟通的障碍,提高了工作效率。在人际交往或商务工作中,电话扮演着越来越重要的角色。

接打电话的特点是不见其人,只闻其声。接打电话时,你的姿态和表情对方完全看不见,你的情绪、态度可以通过语言和声调传达。若能在电话里听到对方亲切、优美的声音,心里一定很愉快,双方的对话就能顺利展开,对彼此就会有好的印象。因此,要记住,接打电话时,应有"代表职业形象"的意识。

一、接听电话

1. 接听电话的礼仪

(1)注意说话的态度与情绪。接听电话时,对方是无法看到接听者的面部表情的,但能通过接听者说话的态度与情绪判断接听者是否尊重来电者。应做到,接起电话后双手捧起话筒,嘴巴离话筒2~3厘米,以站立的姿势,面含微笑地与对方友好通话。切忌坐着不动,把电话拽过来夹在脖子上通话;也不要拉着电话线,走来走去地通话。在通话过程中,停止一切不必要的动作,不要对着话筒打哈欠,不要吃东西,也不要同时与其他人闲聊,不要让对方由此产生不被尊重的感觉。

（2）注意声音与语言。在任何场合接电话声音都不能过大。接电话声音太大会影响他人，而且对方也会感觉不舒服。在正式的职场交往中，接电话时拿起话筒所讲的第一句话，也有一定讲究。

（3）认真倾听并做好记录。接听电话的过程当中，要认真倾听来电者的一言一语，及时做出回应，避免冷场或让对方感觉到不被尊重；应对来电者的需求做好记录，并再次向对方确认好所有信息。

（4）礼貌结束通话，认真道别。结束通话时，应认真地道别并送上祝福。只有确定对方已经挂断电话时才能轻轻挂上电话，不宜抢先挂断电话。

在通话时，接电话的一方不宜率先提出中止通话的要求。若遇特殊情况，不宜长谈，或另有其他紧急或重要的电话接进来，需要中止通话，应说明原因，并告知对方"一有空闲，我马上回电话给您"，免得让对方觉得自己厚此薄彼。若遇对方不能适时结束通话，我们应当委婉、含蓄地表达结束通话的意愿，不要令对方难堪。不宜说"你说完了没有？我还有别的事情呢！"而应当讲"好吧，我不再占用您的宝贵时间了""真不希望就此道别，不过以后希望再有机会与您联络"。

（5）注意开场白。接电话时所讲的第一句话，以问候语加上单位、部门的名称和个人的姓名最为正式，如"您好！我是××公司的前台××，有什么可以帮您?"，切忌接电话以"喂，喂"或者"你找谁呀"开场。

2. 接听电话的步骤

（1）接听电话时，须在电话铃响三声内接起电话；如果不能及时接听，应及时向来电者致歉。

（2）接听电话应注意自己的音量和语气，使用文明礼貌用语。

（3）接起电话应立即问好，表明身份，如"您好，这里是……，有什么可以帮您?"

（4）接听电话时，应耐心听候来电者的需求，并及时记录，切忌中途打断来电者的话语。

（5）电话即将结束时，应与来电者礼貌道别并表示祝愿。

接听电话的礼仪要求见表4—3—1所列。

表4-3-1　接听电话的礼仪要求

程序	要点
迅速接听	在电话铃响三声之内接听，如果三声内没有接听，则要向对方道歉
问候、自我介绍	"您好，我是××"或"您好，这里是……，很高兴为您服务"
认真聆听并记录	接听电话时，忌吃东西、忌和他人讲话、忌不耐烦；通话记录既简洁又完备
确认内容	确认好通话内容，以免遗漏
结束通话	一般应征求对方意见，如"就谈到这里，好吗?""您看，这样行吗?"，随后礼貌道别，并等对方先结束通话或长者先结束通话，再轻轻挂断电话

二、拨打电话

1. 拨打电话的礼仪

（1）选择恰当的时间。拨打电话时，我们不能只根据自己的情况，选择自己方便的时间段拨打电话，这是对通话对象不尊重、不重视的体现。应充分考虑对方是否方便接听电话，并选择通话效率高的时间。有四个时段不宜打电话给别人，即工作日早上七点以前、节假日九点以前、晚上十点以后及就餐时间。若有十分紧急的事情需要通话，要先说一句"十分抱歉，事出紧急，打扰了"。此外，如果拨打的是国际电话，还应考虑时差问题。

（2）做好通话内容准备并把握时间。①做好打电话前的准备，事先准备好通话内容、相关资料、记录本等，避免毫无逻辑的对话给对方留下不好的印象；②通话应在三分钟内结束，通话时应该开门见山、侧重要点，不应耽误对方太长时间，尽显通话的高效性，给对方留下较高素质的职业形象。

（3）结束通话。结束通话的要求一般由打电话的一方提出，而后客气道别，说一声"谢谢，再见"。但如果对方职位较高或是长辈，应该让对方先挂电话。待对方说完"再见"后，等待两三秒再轻轻挂断电话。

（4）未联系到通话对象的情形。拨号后若无人接听，应等电话铃响六七声后再挂断。如果要找的通话对象不在，要向接听者道谢，拨错电话要道歉。

2. 拨打电话的步骤

微课 电话礼仪

（1）事先整理通话内容，准备好纸笔后拨打电话。

（2）确认对方是否是需要找的人，如"您好，请问您是××吗？"

（3）做简短的自我介绍，如"我是××公司/单位的××。"

（4）寒暄问候，然后说明去电目的。

（5）倾听对方意见或反馈，其间最好不要打断对方。

（6）再次重复通话重点，帮助对方加深对通话内容的印象。

（7）礼貌道别，让长辈、上司、客户先挂电话以示礼貌。

三、使用手机的礼仪

现今社会，手机已经成为沟通交流必不可少的工具，但是你知道使用手机有哪些礼仪吗？

1. 手机的放置位置

手机未使用时，应放在合乎礼仪的位置。放手机的常规位置是随身携带的公文包里，有时候也可以放在不起眼的地方，不要摆放在桌子显眼处，特别是在和客户交谈时。放手机的常规位置有：①随身携带的公文包里，这种位置最合理。②放在上衣的内袋里，或者不起眼的地方，如手边、背后、手袋里，但不要放在桌子上，特别是不要对着对面正在聊天的客户。③女士则要注意，手机就算再好看和小巧，也不能将它挂在脖子上。

2. 不应使用手机的情形

（1）不要在洽谈中、开车时、飞机上、剧场里、加油站、图书馆和医院里接打手机，即使是在公共汽车上，大声地接打电话也是有失礼貌的。

（2）在与别人谈话时，若有必接的重要来电，应告知对方，并表示歉意。可说"不好意思，我接个电话"，入座后，应再次表示歉意，并继续话题。

（3）会议进行时或者与别人洽谈时，应将手机关机或调为振动状态，这样既显示出对别人的尊重，又不会打断发言者的思路。不要在别人能注视到你的时候查看短信。一边和别人说话一边查看手机短信是对别人不尊重的表现。

> **你知道吗？**
>
> 手机已深入人们的日常生活中，作为一种现代化、高科技的沟通工具，它为人们的生活带来了便利，提高了生活水准。如果每个人在使用手机时都能注意手机礼仪，那么手机不仅会成为人们生活和工作上的"助手"，还能成为传播社会文明的"使者"。使用手机要注意以下几点。
>
> （1）选择合适的手机铃声。
> （2）上班时间不要频繁发信息。
> （3）在特殊场所不能使用。
> （4）在重要场所应关机或静音。
> （5）在公众场所要小声。
> （6）在飞机上，应开启飞行模式。
> （7）在加油站、化工厂、油库及爆破地点，建议关掉汽车引擎的任何区域。
> （8）D禁止使用手机的医疗场所，不应继续使用手机。
> （9）在驾驶途中，请谨慎使用手机。
> （10）手机不要接近使用心脏起搏器、助听器等的人。

情景体验

体验一：电话礼仪训练

电话礼仪训练的要求与步骤见表4-3-2所列。

表4-3-2 电话礼仪训练的要求与步骤

内容	电话礼仪训练	地点	实训室
要求	（1）在服务中，能规范地接听电话，灵活应用所学知识 （2）提高服务意识，提高语言表达能力、合作能力		
步骤	（1）指导学生分析任务，学习电话礼仪规范 （2）根据所学，分角色表演，正确地接打电话 （3）生生评价，师生评价 （4）教师总结		

体验二：情景模拟

假设你是经理秘书，经理正在会见一位客人，有一位自称是经理朋友的人要经理接电话，请演示经理秘书的处理方式。

体验三：使用手机拨打电话训练

使用手机拨打电话训练的要求与步骤见表4－3－3所列。

表4-3-3　使用手机拨打电话训练的要求与步骤

内容	使用手机拨打电话训练	地点	实训室
要求	（1）掌握手机使用的基本要求和相关礼仪 （2）通过对手机礼仪的学习，培养良好的修养仪态 （3）通过学生自评、互评，检验学生手机使用礼仪的掌握程度		
步骤	（1）设计一个手机通话话题 （2）分组使用手机进行通话交流练习 （3）注意手机通话开始时、沟通中和结束时应该展现的手机使用礼仪		

思考练习

① 请简述拨打电话的步骤。

② 不应使用手机的情形有哪些？

③ 假如你是A公司的总经理秘书，B公司的产品经理来电与你商定开展合作项目的会议时间，请你利用所学的接听电话礼仪，完成通话。

任务4-4　信函与电子邮件礼仪

▶ 任务案例 ◀

致歉信

香港××（国际）有限公司

香港九龙青山道★★★号香港★★★★中心★★★座电话：××××

亲爱的王教授等游客：

你们好！参加我公司西安夕阳红1016团的各位游客，感谢你们对我公司的信任和支持。

在香港期间，我们3名导游在带领各位叔叔阿姨观光购物的途中出现了一些不礼貌行为，给你们造成了精神压力，致使你们旅途不愉快，我们感到非常抱歉。由于我们工作中的失误和缺陷，没能为各位提供高质量的服务，特向大家道歉。公司特别开会点名批评了我们，并要求我们深刻反省，停止带团3个月。我们都已深深地反省，并感到很内疚。今后我们一定改变工作方法，提高接待水平。再一次表示深深的歉意，请各位原谅我们。

有机会各位再来香港，请一定联系我们，让我们再有机会为各位服务和介绍。谢谢你们，祝各位团友身体健康、万事如意！

致礼！

致歉人：香港××（国际）有限公司导游
王英、刘欢、章可
2011年11月5日

附件：《香港××（国际）有限公司关于对西安夕阳红1016团的3名香港导游的处理决定》

（资料来源：刘伟. 旅游职业礼仪与交往［M］. 北京：旅游教育出版社，2015.）

讨论分析：

① 案例中道歉信的内容正确么？

② 如何正确书写信函？

参考答案：

① 案例中展示的是一封道歉信。内容上基本涵盖了信函包括的基本内容，可以在起草相关信函时借鉴。

② 信函一般由信头、正文、信尾三部分组成。信头即信函的开头，由发信人名称及地址、标题、函号、称谓、收信人地址和单位等组成。正文是信函的主体，叙述往来联系的实质问题。正文写作要求：内容单纯，一文一事，文字简明，事实有据，行文礼貌。信尾包括四部分内容：祝颂语、签名、日期和附件。

信函属于礼仪文书范畴，是指企业与企业之间在各种场合或往来过程中所使用的简便书信，是一种应用极为广泛的书面交流形式，能够很好地展现企业文化涵养和个人礼仪修养。

一、信函的使用礼仪

1. 信函的格式

（1）信笺和信封。企业大多有自己的专用信笺和信封。对于高规格的业务活动来说，对此两项也有比较严格的要求。一般来说，信笺和信封上都应有单位的名称、徽标、地址、电话等。

（2）称谓。信函的称谓应慎重，过分亲昵的称呼在这里是不适用的。对于相对熟识的人，可以称"先生"或"女士"，对于一般熟识的可以称姓加职务。这里的"熟识"可以仅指有过通信联系而从未谋面的情形。西方此类信函一般在称谓的前边加"亲爱的",我国习惯上加"尊敬的"一类词。

信函在许多情形下没有具体的收件人,此时可笼统地称"先生"或"女士"("小姐"),并且在前边加上"尊敬的"或职务,如"经理先生""编辑女士""主持人小姐"等。在这种情况下不能用过于宽泛的称谓,否则可能收不到良好效果,如"有关人士台鉴"。当然,如果能够通过一些渠道打听清楚你要联系的人的姓名要更好一些。

(3)结尾。结尾的落款要求和开头相对应。例如,开头的称呼是连姓带名的"陈红女士",结尾落款就是连姓带名的"朱玉"。大企业、大单位的信函往往是打印的,但落款处要有亲笔签名。

2. 信函的书写要求

(1)信息撰写完整。在书写信函时,为了避免传输错误信息,务必使信函的基本内容完整无缺。在信文中提到收到对方来信时间时,或是在末尾落款时,不可一笔带过,而应准确到具体日期。一般要求写明何年何月何日何时。

在书写信封时,双方的邮编要清晰完整。另外,为了确保书信被及时送达,不会因故退回或丢失,在书写收信人及发信人地址时,要力求完整,要用全称,切忌简称。

(2)书写清楚。书写信函时内容必须清晰可辨。要做到这一点,需要注意以下五个方面的问题。

① 字迹要清楚,切勿潦草、乱涂乱改。

② 要选择耐折、吸墨、不湿、不残、不破、干净的信纸、信封。

③ 要选用书写字迹清楚的笔与墨水。任何时候都不要用铅笔、圆珠笔、水彩笔书写信函,不用色彩鲜艳的笔或墨水。

④ 在信函里叙事时,要层次分明、条理清楚、有头有尾,切忌模棱两可令对方产生疑惑或会错意,这是书写信函时要特别注意的一点。

微课 信函礼仪

⑤ 书写信函讲究言简意赅。在一般情况下,书写信函应当"有事言事言罢即止",切勿洋洋洒洒、无休无止。应当避免为使语言简洁而矫枉过正,过分地"惜墨如金",而使书信语言晦涩难懂。

(3)用词、语法恰当。

① 在书写信函时,不论是称呼、叙事,还是遣词造句,都必须做到正确无误。在信中杜绝出现错字、别字、漏字、代用字或生造字。

② 在书写收信人姓名、地址、职务及尊称时,切忌出现任何差错。

③ 书写信封时,在收信人姓名之后所加称呼,如"同志""先生""小姐"等,是专供邮递员或带信人使用的,而并非发信人对收信人所用的称呼,因此私人隐晦的称呼,是不宜在信封上出现的。

(4)谦恭礼貌。写信人在书写信函时要像真正面对收信人一样,以必要的礼貌向对方表达自己的恭敬之意。在信的开头称呼收信人时,可使用"尊敬的""敬爱的"一类词,对对方的问候必不可少。最后，还应使用规范的祝福语。

二、电子邮件的使用礼仪

电子邮件又称电子函件或电子信函。它是利用电子计算机所组成的互联网络，向交往对象发出的一种电子信件。使用电子邮件进行对外联络，不但安全保密、节省时间，而且内容不受篇幅的限制，清晰度高，在一定程度上还可以节省时间成本等。

在职场上，人们每天可能收到很多封邮件。如果把每封邮件都读完，那么一整天的时间可能大部分要花在处理邮件上，这也说明一些人还不太清楚电子邮件的真正用途。电子邮件应用来处理简单的工作，如安排时间、通知、会面后的跟进等，绝对不能用来讨论合约、写建议书等。重要的事情最好还是面对面谈，这样能观察到对方的肢体语言、情绪，以及语言背后的一些有效的信息和感受。

1. 电子邮件的编写要求

在业务交往中，电子邮件也是一种商务文本，体现企业的文化形象，应当认真编写。向他人发送的电子邮件，一定要精心构思，认真编写，体现对他人的尊重和礼貌。在编写电子邮件时，要注意以下问题。

（1）主题明确。一封电子邮件大多只有一个主题，并且往往需要在前注明。若是将其归纳得当，那么收件人看到便对整个电子邮件内容有了大概的了解。

（2）语言流畅。电子邮件要便于阅读，要语言流畅、浅显易懂。尽量别写生僻字、异体字。引用数据、资料时，最好标明出处，以便收件人核对。

（3）实事求是。电子邮件大多用于处理简单的工作，为了便于收件人快速地了解事情经过，切忌使用天花乱坠或与事实不符的语言。

（4）内容简洁。电子邮件的内容应当简明扼要、一目了然，体现对他人的尊重。

▶ **你知道吗?**

电子邮件可以作为诉讼证据

电子邮件（简称E—mail）是通过Internet等网络，从一台终端机输入文字、图片或者声音等，通过邮件服务器传送到另一台终端机上的信息。

电子邮件能否作为诉讼证据，主要看其是否具备客观性、关联性和合法性。

从证据的客观性来看，证据首先必须是客观存在的事实。电子邮件通过数字信号表达人们的意图，并呈现到计算机终端，这种行为及这种行为的数字化表现形式毫无疑问是客观存在的。

从证据的关联性看，在电子邮件客观真实存在的基础上，如果与案件事实相关联并对案件事实起证明作用，就可以作为证据来使用。

从证据的合法性来看，电子邮件作为证据也有法定的表现形式。电子邮件作为一种外在形式或载体，就实质内容来做具体分析，可以分别划归到我国现行法律对证据的七种分类之中。例如，以文字为内容的电子邮件，其实是书证的数字化或电子化，可以划为书证；以音频或视频为内容的电子邮件，其实是视听资料的数字化或电子化，应该归类为视听资料。据此，以电子邮件收发的证人证言或当事人陈述等言辞证据也就不难归类。因此，电子邮件可以作为证据使用。

我国相关法律（如《中华人民共和国合同法》）就将电子邮件作为证明合同关系成立与否的一种有效证据。在审判实践中，也已经有将其作为一种证据使用的做法。

2. 使用电子邮件的注意事项

（1）电子邮件避免滥用。在现代信息社会中，任何人的时间都是无比宝贵的。若无必要，则不要轻易向他人乱发电子邮件。尤其是不要以电子邮件的方式与他人闲谈，或者只为了检验一下自己的电子邮件能否成功地发送。

（2）中文电子邮件应当注意编码问题。编码问题是由中文文字自身的特点与其他的原因引起的。我国内地、台湾省、港澳地区及世界上其他国家的华人，目前使用着互不相同的中文编码系统。因此企业在使用中文向其他国家和地区的华人宾客发出电子邮件时，必须同时用英文注明自己所使用的中文编码系统，以保证对方可以收到自己的电子邮件。

（3）慎用电子邮件功能选项。现在市场上所提供的先进的电子邮件软件有多种字体备选，甚至还有各种信纸可供使用者选择。这固然可以强化电子邮件的个人特色，但是此类功能必须慎用。这主要是因为，一方面，对电子邮件修饰过多，难免会使其容量增大、收发时间增长，既浪费时间又浪费金钱，而且往往会给人以华而不实之感；另一方面，电子邮件的收件人所拥有的软件不一定能够支持上述功能，这样一来，发出的电子邮件就很有可能会背离发件人的初衷，使之前功尽弃。

3. 发送电子邮件的注意事项

微课 电子邮件的使用礼仪

在发送电子邮件的时候避免出现以下问题，以免给对方带来不便。
（1）发送个人化的信件。
（2）转发广告短信邮件。
（3）忘记附件。
（4）发送带病毒的电子邮件。
（5）写错收件人的姓名。

4. 回复电子邮件的注意事项

（1）全读完电子邮件后再回信，避免情绪激动的时候回信。尤其要确认是否必须以电子邮件回复，如果对方的信件内容中带有情绪，最好面对面交流。

（2）最好24小时内回应。如果你很忙，最好先给对方发个简单的电子邮件表明你已收到了，可是需要一些时间来准备或处理，并且告诉对方一个等待时间。如果收到群发的、需要大家讨论某一问题的电子邮件，最好读完所有的内容之后再回复，避免重复。

（3）电子邮件内容方面有时要避免过于简单，否则对方阅读时容易产生误解，影响邮件所要传达的意思。

（4）写清楚主题，并标注紧急程度。紧急程度可以有很多种：FYI为不太重要，Urgent为急件。

（5）回复群发电子邮件时，避免发给无关的人。无论是正式的信件还是电子邮件，都是自己与其他人沟通的工具，因此要尽量保持尊敬对方的态度。如果在写信件和回电子邮件的过程中，始终保持这种态度，就会避免很多不必要的问题。

情景体验

体验一：信函编写训练

信函编写训练的要求与步骤见表4-4-1所列。

表4-4-1　信函编写训练的要求与步骤

内容	信函编写训练	地点	实训室
要求	（1）初步掌握书写信函的基本要求、格式、特点等基本知识 （2）通过学习信函模板不同的写作形式和要求，获得独立编写各种信函的能力 （3）通过学生自评、互评，检验学生对信函写作的掌握程度		
步骤	（1）准备模板：介绍信、推荐信、辞职信、投诉信、道歉信，以及证明、接洽、联系信函 （2）分组利用模板进行信函的编写 （3）师生修改并添加信函的相关信息，注意格式 （4）学生添加信函的具体内容 （5）师生检查落款信息的准确性		

体验二：电子邮件签名落款编写训练

电子邮件签名落款编写训练的要求与步骤见表4-4-2所列。

表4-4-2　电子邮件签名落款编写练习的要求与步骤

内容	电子邮件签名落款编写训练	地点	实训室
要求	（1）初步掌握电子邮件签名落款的基本要求、要素和格式 （2）通过相关电子邮件模板的学习，获得编写、设计专业电子邮件的能力 （3）通过学生自评、互评，检验学生对电子邮件编写、设计的掌握程度		
步骤	（1）准备电子邮件模板 （2）分组利用模板进行电子邮件的设计 （3）修改并添加电子邮件的相关信息，注意格式 （4）添加电子邮件的具体内容 （5）注意落款信息的准确性		

思考练习

① 请简述编写信函的一般要求和书写规范。

② 归纳总结电子邮件的使用礼仪。

拓展任务　国际交往礼仪

▶ **任务介绍**

　　国际交往礼仪就是国际交往中的行为规范，是指在对外交往或涉外工作中，用以维护自身和本国形象，并向外宾表示尊重、友好、礼貌的各种礼节、仪式。

▶ **学习目标**

　　① 了解国际交往礼仪的基本原则。
　　② 了解常见的礼宾次序。
　　③ 认识国旗悬挂法。

▶ **礼仪警句**

　　善气迎人，亲如弟兄；恶气迎人，害于兵戈。

——管仲

▶ **礼仪观点**

　　1995年3月，在丹麦哥本哈根召开联合国社会发展世界首脑会议，出席会议的有近百位国家元首和政府首脑。3月10日，与会的国家元首和政府首脑合影。按照常规，应该按礼宾次序名单安排好每位国家元首和政府首脑所站的位置。这个名单怎么排？根据什么原则安排？哪位国家元首或政府首脑排在最前？哪位国家元首或政府首脑排在最后？这项工作实际上很难做。丹麦和联合国的礼宾官员只好把丹麦首相（东道国主人）、联合国秘书长、法国总统、中国总理、德国总理等安排在第一排，而对其他国家领导人，就任其自便了。事后有人向联合国礼宾官员"请教"，问道："这是丹麦礼宾官员安排的？"向丹麦礼宾官员核对后，回答说："根据丹麦、联合国双方协议，该项活动由联合国礼宾官员负责。"

　　（资料来源：马保奉. 外交礼仪漫谈[M]. 北京：中国铁道出版社，1996.）

　　观点：在国际交际中，礼宾次序非常重要，在国际礼仪活动中，如果礼宾次序安排不当或不符合国际惯例，就会招致非议，甚至会引起争议和交涉，影响国与国之间的关系。礼宾次序要灵活运用、见机行事。有时由于时间紧迫，无法从容安排，只能照顾到主要人员。此例就是灵活应用礼宾次序的典型案例。

▶ **任务案例**

　　有一次汪海去美国考察，在一次新闻发布会上遇到了许多记者的提问。一位意大利记者问："你们生产的运动鞋为什么称'双星'？是不是代表你们常讲的物质文明和精神文明？"汪海微笑地点了点头，说："还可以这样理解：一颗星代表东半球，一颗星代表西半球，我们要让'双星'牌运动鞋潇洒走世界。"听了这话，一位美国记者却不以为然，问道："请问先生您脚上穿的是什么鞋？"这一提问用意非常明了——如果你穿的是"双星"牌运动鞋，那自然没话说，但如果穿的不是"双星"牌运动鞋，那么意味着连自己都不愿穿"双星"牌运动鞋，还谈什么潇洒走世界？不料，汪海十分沉着自信地回答："在贵国这种场合脱鞋是不礼貌的，但是这位先生既然问起，我就破例了。"说着他把自己的鞋脱了，高高举起，指着商标处，大声说道"Double Star"（双星！）这时，场上响起了热烈的掌声，不少记者争相拍下这一镜头。第二天，美国纽约各大报纸在主要版面上纷纷刊登出这幅照片。

（资料来源：根据相关网络资料整理而得）

讨论分析：

① 双星集团总经理汪海回答完记者提问后，场上为什么响起了热烈的掌声？

② 这个案例说明了什么？

③ 在国际交往中如何做到相互尊重？

参考答案：

① 因为双星集团总经理的回答既维护了企业的利益，也维护了国家的利益和尊严。

② 这个案例说明，在国际交往中不卑不亢是国际礼仪的重要原则，自己的言行应当端庄得体，既不应该表现得畏惧自卑，也不应该表现得自大狂傲。

③ 在国际交往中应不卑不亢、信守约定、充分尊重对方，才能赢得对方的尊重。

一、国际交往的基本原则

世界各国、各民族在其自身发展和生存的过程中，创造了光辉灿烂的文化，形成了各种风土人情和习俗，随着历史的发展、国际交往的频繁，信仰、价值观念、道德标准、风俗习惯及文化背景各不相同的人逐渐走到了一起。不同国家的人在国际交往中，有一些需要共同遵守的原则。国际交往的原则是根据礼仪通则与涉外交往活动实践，从整体性、普遍性方面加以概括而形成的，对涉外交往具有普遍指导意义。

1. 维护国家利益

在国际交往中，在尊重他国的利益和尊严的基础上，更要维护本国的利益和尊严。在参与涉外交往活动时，应时刻意识到在外国人眼里，自己是国家、民族、单位组织的代表，要做到不卑不亢。自己的言行应当端庄得体、堂堂正正。在外国人面前，既不应该表现得畏惧自卑、低三下四，也不应该表现得自大狂傲、放肆嚣张，应表现得既谨慎又不拘谨，既主动又不盲动。

2. 不卑不亢

在国际交往中，人与人、国家与国家之间应是平等的关系，不卑不亢是国际交往的重要原则。不卑不亢最重要的是保持人格平等，因为"卑"和"亢"都是置对方或自身于不平等位置上的交往态度。"卑"有损自身人格甚至国格；"亢"显得虚张声势，有伤对方的自尊。

既要有为国家和民族争气的精神，又要实事求是、不过谦、不夸张。

3. 信守约定

在一切国际交往中，都必须认真而严格地遵守自己的承诺，说话务必要算数，许诺一定要兑现。因此，在国际交际中许诺必须谨慎，既不要含糊不清、模棱两可，也不要信口开河。约定好的会面必须如约而至。在一切有关时间方面的正式约定之中，尤其需要恪守时间。

4. 女士优先

女士优先是国际社会公认的一条重要的礼仪原则。它要求在一切社交场合，成年男子都有义务主动自觉地以自己的实际行为去尊重女士、照顾女士、体谅女士、关心女士、保护女士，并尽心竭力地去为女士排忧解难。与女士交谈时，一律要使用尊称，涉及具体内容时，谈话亦不应令在场的女士难堪。排定礼仪序列时，应将女士列在男士之前。就座时，应请女士选择上座；用餐时，应优先考虑女士的口味；外出之际，男士要为女士携带重物。出入房间时，男士要为女士开门、关门。在女士面前，任何时候都不允许男士吸烟。总之，女士优先原则已成为衡量男士是否具有文明教养与礼仪风度的重要评价标准。

5. 尊重隐私

西方国家很尊重每个人的隐私权。隐私权是指个人私生活不受他人干扰、窥视的一种人格权。因此，自觉地、有意识地回避对方个人的隐私至关重要。对于西方人来讲，凡涉及经历、收入、年龄、婚恋、健康状况、政治见解等均属个人隐私，他人不应查问。否则，极有可能会令对方极度不快，甚至还会因此损害双方之间的关系。

6. 入乡随俗

世界上的各个国家、地区和民族，在其历史发展的具体进程中，形成了各自的宗教、语言、文化、风俗和习惯，并且存在着不同程度的差异。因此，注意尊重外国友人所特有的习俗，将有助于增进中外双方之间的理解和沟通，有助于更好地表达亲善友好之意。这就要求，首先必须充分地了解与交往对象相关的习俗，即在衣食住行、言谈举止、待人接物等方面所特有的讲究与禁忌；其次必须充分尊重交往对象所特有的各种习俗，既不能少见多怪，妄加非议，也不能以我为尊，我行我素。

▶**案例思考**

张女士是商务工作者，由于业务成绩出色，随团到中东地区某国家考察。抵达目的地后，受到东道主的热情接待，并举行宴会招待。席间，为表示敬意，主人向每位客人一一递上一杯当地特产饮料。轮到张女士接饮料时，一向习惯于用左手的张女士便伸出左手去接，主人见此情景脸色骤变，不但没有将饮料递到张女士的手中，而且非常生气地将饮料重重地放在餐桌上，并不再理睬张女士。

（资料来源：根据相关网络资料整理而得）

请分析上面案例，张女士错在哪里？

7. 尊重国际惯例

尊卑有序，在国际交往中依照国际惯例，将多人进行并排排列时，最基本的规则是：以右为上，以左为下；以右为尊，以左为卑。换言之，在进行并排站立、行走或者就座时，为了表示礼貌，主人、男士、晚辈、未婚者、身份较低者理应主动居左，而应请客人、女士、长辈、已婚者、身份较高者居右。

8. 爱护环境

我们每个人都有义务对人类所赖以生存的环境自觉地加以爱惜和保护。爱护环境在当今国际已成为倍加关注的焦点问题之一。

在国际交往中，需要特别注意的细节：①不可破坏自然环境；②不可虐待动物；③不可损坏公物；④不可乱堆乱挂私人物品；⑤不可乱扔乱丢废弃物品；⑥不可随地吐痰；⑦不可到处随意吸烟；⑧不可任意制造噪声。

二、常见的礼宾次序

礼宾次序是指重要的礼仪场合的参加团体或个体的位次按一定的规则和惯例进行排列的先后次序。礼宾次序体现了主人对宾客应予的礼遇。一般在重要的礼仪场合，礼宾次序有以下三种形式。

（1）按身份和职务的高低排列。该形式主要以各国提供的正式名单或正式通知作为确定职务的依据。在官方活动中，通常采用这种礼宾次序。

（2）按参加国字母或笔画顺序排列。在国际会议和国际体育比赛中，一般采用这种礼宾次序。如果第一个字母相同，依第二个字母，第二个字母相同，依第三个字母，以此类推。一般涉外公关活动按英语字母顺序排列居多，也可视具体情况按法语、西班牙语等其他语种的字母顺序排列。但不能一次按两种或两种以上语种的字母顺序排列。如果活动参加各方及成员均是华人，一般应按汉字的笔画顺序排列，而不按拼音字母顺序排列。这种方法多见于国际会议、体育比赛等。

（3）按通知和抵达时间的先后排列。这种礼宾次序多见于对团体的排次，常有按派遣方通知代表团参加活动的日期先后排列、按代表团抵达活动地点的时间先后排列、按派遣方决定应邀派遣代表团参加活动的答复时间的先后排列三种排法。

礼宾次序所体现的是东道国对各国来宾的礼貌和尊重，这是一个极为敏感的问题，不分大国小国、强国弱国、富国穷国，都要求体现平等和尊重，因此在涉外工作中考虑接待问题时，必须反复对此加以推敲。在一般情况下，如果外宾的身份、职务相仿，则应以声望、资历和年龄为礼宾次序，东道国亦应由与外宾身份、职务相等者出面接待。

送别时可在贵宾室与外宾稍叙友谊，或举行专门的欢送仪式。在外宾临上飞机、轮船或火车之前，送行人员应按一定顺序同外宾一一握手话别。飞机起飞或轮船、火车开动之后，送行人员应向外宾挥手致意。直至飞机、轮船或火车在视野里消失，送行人员方可离去。

三、国旗与国歌的相关礼仪

1. 国旗的悬挂礼仪

国旗是一个主权国家的标志，代表着一国的地位和尊严。世界上各国国旗的颜色主要有红色、白色、绿色、蓝色、黄色、黑色等，这些颜色各有一定的含义，其中，红色象征国家为独立和解放而斗争的精神，绿色是吉祥的标志，蓝色代表海洋、河流、天空，这三种颜色在各国国旗中出现得最为频繁。

悬挂国旗在不同的场合有不同的规范。在室外的旗杆或建筑物上挂旗，一般是日出升旗，日落降旗，司职人员表情应庄严、肃穆。升旗的时候，护旗人要托起国旗的一角，国旗触地是极不严肃的。在重要的场合，如一国政府所在地，需有专职人员严格按升旗规范行事。在重要的时刻，如外宾来访、国际体育比赛、国庆庆典，升旗时须以国歌伴奏。遇到一国元首来访时，外宾通过的主要街道应悬挂两国国旗，在其住所及交通工具上也应悬挂国旗。

悬挂双方国旗的，以右为上，左为下，客在右，主在左。汽车上挂旗，以驾驶员为基准划分左右。在外宾所在的重要场所挂旗，升旗应由专职仪仗兵负责，并要向其他国国旗行军礼。举行国际会议、展览会、体育比赛，应悬挂所有参加国的国旗；针对没有外交关系的国家，只要其是所举办活动的组织成员，东道主就应悬挂该国国旗。悬挂的次序为从左至右，以英文国名的第一个字母为序。国旗不能够倒悬，一些国旗因字母和图案原因，不能竖挂，有的国旗竖挂需要另外制旗。

各国国旗的颜色及长宽比例均由本国宪法明文规定，国旗图案不能在商品广告、产品宣传等非正规场合乱用。另外，撕扯、践踏、焚烧国旗的行为都是不被允许的。悬挂国旗，有并挂、竖挂和交叉挂几种方式。如果并排悬挂两面国旗时，其规格、尺寸应大致相等。国旗挂在墙壁上时应挂其正面，而不能用反面。当某领导人逝世，为表示哀思，国旗要下半旗。下半旗时要首先把旗升至杆顶，再下降至离杆顶约三分之一处。

(a) 客方（中国）

(b) 主方（德国）

图4—5—1 两面国旗并挂

2. 国旗的悬挂方法

（1）两面国旗并挂。以中国政府官员访问德国为例，两面国旗并挂如图4—5—1所示。

（2）三面及三面以上国旗并挂 例如，在中国举办国际会议，悬挂国旗时，中国国旗在最后。三面国旗并挂如图4—5—2所示。

多面国旗并挂，主方在最后，如果是国际会议，无主客之分，按规定的礼宾顺序排列。

（3）交叉悬挂。交叉悬挂如图4—5—3所示。

（4）竖挂。客方为反面、主方为正面的竖挂方式如图4—5—4所示。

（a）客方（美国）

（b）客方（德国）

（c）主方（中国）

图4-5-2　三面国旗并挂

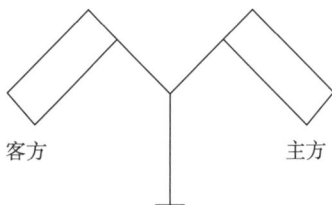
客方　　　　　主方

图4-5-3　交叉悬挂

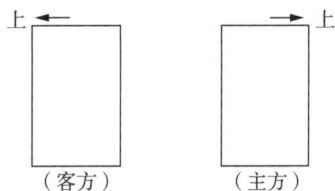
上　　　　　　　　　　上
（客方）　　　　（主方）

图4-5-4　客方为反面、主方为正面的竖挂方式

双方均为正面的竖挂方式如图4-5-5所示。

3. 国歌的演奏礼仪

国歌如同国旗一样，是一个国家的象征，一般只在正规迎送场合和仪式上演奏。外国领导人来访，在欢迎仪式上，军乐队高奏两国国歌。这时乐队以管乐为主，服装要整齐划一，通常为表示对客人的尊重，先行演奏外国国歌。演奏国歌时，在场的人要起立，姿态端庄，表情严肃，任何人不可嬉笑、喧哗，不可在场内随意走动。

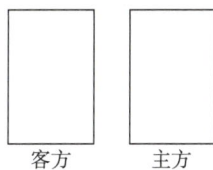
客方　　　主方

图4-5-5　双方均为
正面的竖挂方式

在运动会的颁奖仪式上，当升国旗奏国歌时，在场的人一定要起立，尤其在演奏别国国歌时，都应肃然起敬，以表示对该国的尊重。国歌的曲调和配器都有许多严格的规定，任何人不得擅自更改，不能以戏谑的方式在娱乐场所（如酒吧或歌舞厅）演奏或演唱。

情景体验

体验：礼宾次序训练

礼宾次序训练的要求和步骤见表4-5-1所列。

表4-5-1　礼宾次序训练的要求和步骤

内容	礼宾次序训练	地点	实训室
要求	（1）设计会见、国旗悬挂等场景请学生进行次位顺序的排列 （2）站姿符合礼仪要求，表情自然、大方，热情友好 （3）按照国际惯例进行排序		

（续表）

内容	礼宾次序训练	地点	实训室
步骤	（1）学生自由组合，以5人为一组 （2）各组交替在讲台做练习 （3）其他小组做评委，做出评价		

思考练习

① 国际交往的基本原则有哪些?

② 常见礼宾次序有几种形式?

模块五　会议礼仪

模块介绍

　　会议是人类社会中意见交流、讯息传递的重要活动方式。正规的会议礼仪对会议的效果起着至关重要的作用，适当的行为规范和服务礼仪可以促进会议的顺利进行，并提高会议的效果和成果。本模块将通过与会服务礼仪基础、洽谈会礼仪、新闻发布会礼仪及展览会礼仪四个任务来提高学生的职业会议礼仪素养。

学习目标

① 了解会前准备礼仪。
② 掌握会议服务礼仪的要点。
③ 掌握洽谈会的服务礼仪。
④ 掌握新闻发布会的会前筹备礼仪。
⑤ 掌握展览会的服务礼仪。

礼仪警句

人无礼则不生，事无礼则不成，国家无礼则不宁。

——荀子

礼仪观点

　　某公司为庆祝成功上市，于是邀请本省知名的企业家来参加宴会。宴会前半阶段气氛很融洽。按照流程，宴会的中途由公司的总经理发言，总经理发言结束之后就要邀请各企业家上台合影留念。但是因为该公司的疏忽，之前并没有排好礼宾次序名单，所以大家在拍照时比较混乱。对该公司发展至关重要的大客户见此，便主动下台，不与之合照，而该公司的经理也没主动邀请。事后，大客户认为该公司不把自己放在眼里，于是决定与该公司解约，不再继续合作。不久之后，该公司也因大客户的撤资，而受到重创。

观点：商务活动留影时，礼宾次序非常重要，如果安排不当或不符合惯例，就会招致非议，甚至会引起争议，影响双方的关系。安排礼宾次序时，应考虑到活动性质、内容，以及参加活动人员的威望、资历、年龄。

任务5-1　与会服务礼仪基础

会议是洽谈商务、布置工作、沟通交流的重要方式。因此在各种会议活动中，员工根据不同的场合灵活得体地运用会前准备礼仪，为客户、上司、同事提供一个良好的会议环境，一定程度上能促成会议目的的达成。另外，掌握会场服务礼仪与会议服务礼仪也非常重要，不但要做好方方面面的准备，而且要做到环环相扣、衔接紧密。

▶**任务案例**◀

案例1：强盛公司研发部门要邀请各合作公司的产品经理到公司开一个产品介绍会议，时间是5月28日的上午。新来的职员小张负责本次会议的会前准备工作。为了保证各合作公司的产品经理都能够顺利来参加本次会议，小张非常精心地设计本次会议的邀请信，并且亲自送到各公司产品经理手上。但是百密一疏，小张在会议邀请信的会议地址上只写了强盛公司。5月28日早上9点，会议开始后，研发部门经理却没有等来几个人。一问才知道小张闯了大祸，在邀请各公司产品经理参会时忘记明确参会的具体地点，最终这次会议并没有取得预期的效果，公司研发的新产品也没有取得好的销售业绩，而小张因此被解雇了。

讨论分析：

① 为什么此次会议没有取得预期的效果？

② 这个案例给你的启发是什么？

参考答案：

① 小张虽然精心地设计了本次会议的邀请信，却没有明确会议的具体地点。因此即使小张亲手把邀请信送到各公司产品经理手上，产品经理也无法准确地接收到关于本次产品介绍会的具体信息，故未能按时准确地到达本次产品介绍会的会议地点，因此会议无法取得预期的效果。

② 会议的成功举办，需要会前、会中、会后各个环节的紧密结合。拟发准确无误的会议通知事关后续会议能否顺利进行，非常重要。

案例2：12月12日，某宴会酒店接到一个会议订单，宴会布置场的服务员大致地看了一下：在12月13日下午2点到6点，预订的是剧院式的会议场，包括6人的主席台，预订人数是120人，保底人数是100人，会议的茶点安排在下午3点30分，人数在30人左右。服务员按照订单做了相关安排。12日晚上，客人来到该宴会酒店把会议场布置好，并把横幅用双面胶粘好，给了服务员三张指示牌，要求放在大堂、电梯、会议室门口。服务员摆了100人的座位，主席台6个座位，指示牌也按客人要求放好了，并在会议室入口放了一个衣帽架。会议在13日正常进行。当客人差不多到了一半的时候，有一个站门口的迎宾进去里面帮忙，服务时发现衣帽架上有很多衣服挂着，会议顺利进行着。在下午2点30分的时候服务员把茶点准备就绪了，等到3点30分客人出来用茶点的时候，客人发现茶点不够，就加了30份，可等到茶歇时间过后茶点才到。会议结束了，服务员才发现不知道哪位买单，只有看会议通知单，等到服务员再出来的时候，客人走得差不多了。服务员一直追到大堂才找到会议负责人，随后会议负责人跑到前台去交款。

讨论分析：

① 请问服务员在以上服务中犯了哪些错？

② 如果你是服务员，应该如何更正？

参考答案：

① 第一个错误，服务员在接到会议订单时，没有确定本次会议的负责人，没有掌握本次会议负责人的联系方式。第二个错误，当对订单人数有疑惑时，服务员没有和负责人联系确认需要准备多少份茶点，准备做多少个人的席位。第三个错误，增加的茶点没有与相关负责人联系，新增茶点上的太晚了。

② 接到会议订单时，及时联系本次会议的负责人，与负责人确定订单的人数、茶点的数量，当茶点的数量不够时，及时询问负责人是否需要增加。

一、会前准备礼仪

1. 确定会议主题

所谓的会议主题，是会议的指导思想，只有确定了会议的主题之后才能确定会议的内容、任务、形式、议程期限、出席人员等。在多数情况下，会议的主题可以由会议的名称来体现，会议的流程都围绕着主题来开展。

2. 拟发会议通知

会议通知是指确定了会议的主题、名称、参会人员等后，为了方便参会人员提前准备而拟发的通知。会议通知一般为书面通知和口头通知两种形式。比较正式的会议或者参会人员比较多的时候，以发书面通知为宜（函、书、请柬、海报、公告等形式）。拟发会议通知时，要求内容清晰完备、语言简洁明了、行文规范。会议通知的主要内容包括以下三个方面。

（1）标题。标题可由发通知机关、会议种类和文种名称组成，也可只写"会议通知"或"通知"。重要会议的通知还应编发通知机关的文号，日常性工作会议的通知单独编发文号，临时性会议通知不编发文号。

（2）正文。正文须写明会议名称、开会时间、地点、会期、议题、要求等。

（3）署名和日期。会议通知的通用格式如图5-1-1所示。

二、会场服务礼仪

现代会议礼仪应该是全方面、立体化的，应该将礼仪服务贯穿会议的始终。首先要提前了解本次会议的主要流程和基本要求，与会议的主要负责人联系并了解本次会议是否有特殊要求，清楚地了解自己在本次会议中的具体工作内容和要求。一般会议的会场服务内容包括以下几点。

1. 布置会场，检查设施设备

根据会议负责人的要求布置会场，包括调整会议室内的各种装饰品、宣传用品，做好会议室的卫生工作，检查音响设备、照明、空调等确保能正常使用。

2. 准备茶点

（1）根据参会人数备好茶具，茶具要干净整洁，不得有破损。

（2）准备好茶叶，每个杯子配放一袋，并有适量的备用茶。散装茶叶是先放入杯中，待参会人员就座后直接冲泡开水（也可在参会人员就座前5分钟冲泡开水）。

（3）根据会议标准，有时还要准备水果、饮料及点心。水果要事先洗净、切好、装盘、摆放整齐；饮料要提前准备好，摆放整齐；点心要精心挑选，事先备齐、装盘、摆放整齐。

注意：各项用品均在会议前30分钟准备妥当。

3. 准备文具及宣传册

根据会议要求准备好笔、纸及宣传材料等，每人一份，整齐地排放在会议桌上。

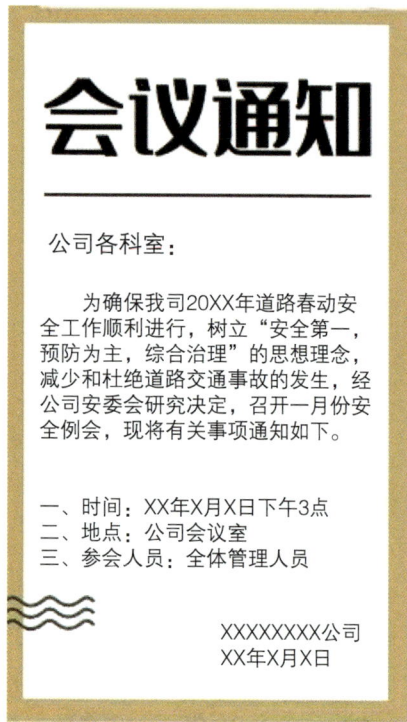

图5-1-1　会议通知的通用格式

> **你知道吗？**
>
> 在会场必备物品一般情况下，会场需要有：影音设备（音响、摄像机、摄影机等）、茶具（茶杯、垫盘、茶壶、茶叶漏、暖水壶、凉水具及茶叶等）、烟具（烟灰缸）、文具（小便笺、签字笔、红黑色铅笔等）、服务用具（大小毛巾、托盘、纸巾、擦布等）、厕所用具（毛巾、皂盒、洗手液、梳子、卫生纸等）。

4. 布置席位

（1）会议的席位安排多种多样，一般有长形桌、圆形桌、马蹄形桌等。具体可按照会议负责人的要求来布置。

（2）参会人员的座位排列一般可按照职位的高低顺序、姓氏的笔画顺序，也可按照上级批复或者任命通知中的名单次序排列或者各单位的笔画排列。

（3）如果是有主席台的，身份地位最高的安排在主席台中间就座，其他领导人员根据职位（身份）在左右两边按顺序排列。

▶ **案例点拨**

　　刚刚毕业的小张入职了某大酒店公关部。他非常吃苦耐劳，工作勤勤恳恳，不久就被聘为公关部经理。一次，酒店接待一位前来投资的大老板，这个重要的接待任务自然就落到了小张的身上，小张准备得非常认真，但还是不小心把客人的主宾位弄错了，由于很忙，等大家入席时，大老板很是尴尬，不悦的表情表现在脸上。结果可想而知，这次投资项目并没有谈成，小张也被撤了职。

　　点拨分析：分主宾座次是礼仪问题，座位弄错就是对客人的不尊敬。因此，在酒店接待中，事无大小，都必须严格按照酒店礼仪的规则来处理，讲究接待艺术。

三、会议服务礼仪

1. 会前服务礼仪

（1）检查会议室设施设备。检查好会议室的照明、空调、音响设备是否能正常使用，检查会议室是否清洁无污。

（2）迎接与会客人。面带微笑地站在会议室门口迎接客人。

▶ **案例点拨**

　　强盛公司计划在某个五星级酒店的多功能会议厅开会。会前公司负责人反复和酒店的工作人员强调，会议厅的大屏幕要投放本次会议的相关资料，需提前拷贝资料到计算机上，并把会议室的空调打开。但是到了会议的前一个小时，原来负责本次会议的工作人员因为还要去隔壁的另一个会场做准备，所以急匆匆地到多功能会议厅检查了话筒、打开了空调就赶到别的会场去了。

　　强盛公司的负责人提前到达会场打开计算机，却发现工作人员并没有提前把所需要的材料拷到计算机上，更糟糕的是，该会议厅的大屏幕竟然无法正常打开。此时会议马上就要开始了，并且合作的公司高层也要来参会。

　　由于大屏幕无法修好，强盛公司负责人只好联系酒店管理人员，匆匆更换了另一个会议室。会后酒店管理层惩罚了负责布置会议室的工作人员，而酒店也永远地失去了强盛公司这位客户。

2. 会间服务礼仪

（1）准备茶点。与主办单位确认特殊要求，包括茶点时间和人数等。

（2）迎领客人。指引参会人员到达指定席位，为其拉椅并请其入座。

（3）席间茶水服务。茶水服务的动作要轻且规范，每隔15分钟左右为客人斟倒茶水、更换烟缸，并随时观察会议室内的客人是否有特殊需求。

（4）信息传递。主动提供话筒递交、文件打印复印等服务。若有电话或者有事相告，工作人员应走到其人身边，轻声转告。如果是转告主席台上的领导，最好通过传递纸条告知。

（5）席间整理会场。会议中间休息时，可以对会场进行适当整理。

注意事项：整个过程尽量避免走动，更不要频繁使用手机。

▶ **你知道吗？**

奉茶或咖啡的礼仪

1. 准备好器具

（1）摆好杯子、杯垫、托盘、糖、抹布等器具。

（2）各类器具一定要清洁干净。

2. 将茶或咖啡等用品放在托盘上

（1）不管份数多少，一律要使用托盘端送。

（2）右手拿抹布，以便茶或咖啡不小心溅在桌面上时立即擦拭。

3. 先将托盘放在桌上再端给客人

（1）若会客室有门，要先敲门再进入。

（2）面带笑容，点头示意。

微课　会议茶水礼仪

4. 奉茶或咖啡时客人优先

（1）先为客人奉上茶或咖啡。

（2）若客人及主人不止一人，依职位高低顺序进行。

5. 留意奉茶或咖啡的动作

（1）双手端起茶杯或咖啡杯，视状况可从客人的正面奉上，或先走到客人的斜后方再从客人的侧面奉上。

（2）若使用糖罐或奶精罐，应放在大家方便取用之处。

6. 拿起托盘退出会客室

双手拿起托盘，后退一步，鞠躬致意或轻声说一句"打扰了"，然后退出。

3. 会后服务礼仪

（1）目送客人。打开会议室的大门，站立两侧，礼貌送客，向客人点头微笑，并说"慢走，再见"。

（2）清理会场。检查客人是否遗留物品，若有，应迅速与有关人员或单位联系。

（3）其他注意事项。做好保密工作，不询问、议论、外传会议内容和领导讲话内容，不带无关人员进入会场。

案例点拨

　　某酒店的小张负责强盛公司在本酒店举行的会议服务。会议结束时，小张站在会议室门口送客，一位客人便问小张附近哪里可以打车，小张回答这附近都没有公交站，并且现在是下班高峰期，很难叫到出租车。于是客人只能失落地走到门口，看看能不能幸运地等到出租车。正当客人失落之时，小张主动为这位客人叫了网约车，客人非常惊喜，因为他根本没有料到小张会帮他叫好车，因此，他很高兴地连声向小张道谢。两天后，这位客人特地写了一封感谢信给小张。

情景体验

体验一：情景模拟——会议通知撰写

　　情景1：某工厂近期因员工操作不当频繁出现安全事故。对此，工厂管理层决定召开一个安全生产会议，要求全体职工于5月20日上午8点到生产管理办公室开会，会议开始前十分钟完成签到。

　　情景2：某单位决定于五一劳动节组织一场春游活动，因此要召集各科室正副主任开会讨论决定组织春游活动的细节，开会时间定在6月19日下午3点，地点是单位的三号会议室。

　　请你根据上述两个情景写两个会议通知。

通知一

_____

_____

_____。

通知二

_____

_____

_____。

体验二：会议准备礼仪训练

　　会议准备礼仪训练的目标与步骤见表5-1-1所列。

表5-1-1　会议准备礼仪训练的目标与步骤

内容	会议准备礼仪训练	地点	实训室
目标	(1) 了解会议前的准备工作有哪些 (2) 提高问题分析能力、合作能力		
步骤	(1) 学生自由组合，3~4人为一组 (2) 参考本任务中的相关案例进行 (3) 针对问题，进行讨论 (4) 用张贴板展示小组成果（提示：会议前的准备、座次安排、茶点准备，体现会前服务礼仪内涵） (5) 教师总结		

体验三：情景模拟——与会服务突发事件处理

情景1：某酒店会议室正在召开会议，会议室内的一位客人不小心打翻了她面前的茶杯。

情景2：会议桌上的一位经理临时获得关于本次会议的有关情况，他需要及时把这个情况转告给领导，但是此时领导正在主席台发言并未注意到该经理的表情。

你作为负责以上两个会议的服务人员，你应该怎么处理上述两种情况？

事件一

_____

_____

_____ 。

事件二

_____

_____

_____ 。

体验四：与会服务相关训练

与会服务相关训练的目标与步骤见表5—1—2所列。

表5-1-2　与会服务相关训练的目标与步骤

内容	与会服务相关训练	地点	实训室
目标	（1）掌握与会服务的相关知识 （2）提高问题分析能力、合作能力		
步骤	（1）学生自由组合，3～4人为一组 （2）参考本任务中的相关案例进行 （3）针对问题，进行讨论 （4）用张贴板展示小组成果（提示：检查设备、迎送客人、准备茶点、席间茶点服务、会议结束后的服务） （5）教师总结		

体验五：情景模拟——奉茶

一部分学生扮演主人（父亲、母亲、孩子等），一部分学生扮演客人（朋友、长辈、安装工等）。

过程：敲门—问候—进屋—请坐—奉茶（根据时间设计再追加项目）。

演练结束讨论：如何奉茶？

思考练习

① 在会前，需要为参会人员准备哪些资料？

② 会前，关于会场的准备工作有哪些？

③ 席位安排的原则有哪些？

④ 与会服务包括几个环节？

⑤ 在会间服务时，有哪些工作？

⑥ 会议结束后，需要做哪些工作？

任务5-2 洽谈会礼仪

> **任务案例**

案例： 欧洲A公司代理B工程公司到中国与中国C公司谈判出口工程设备的交易。中方根据其报价进行了分析，建议对方考虑中国市场的竞争性和该公司第一次进入市场的情况，认真考虑并改善报价。该代理商做了一番解释后仍不降价并说其委托人的价格是如何合理的。中方对其条件又做了分析，代理商又作解释，一上午下来，毫无结果。中方认为其过于傲慢固执，代理商认为中方毫无购买诚意且没有理解力，双方相互埋怨之后，洽谈不欢而散。

讨论分析：

① 造成此次洽谈会不欢而散的原因是什么？

② 如果想促成此次合作，双方在洽谈会中应该遵循什么原则？

参考答案：

① 造成此次洽谈会不欢而散的原因是代理商并未提前了解中国市场的情况，没有根据实际情况给出合理的报价，并且在面对中方提出的要求时，态度过于强硬。

② 遵循礼敬对方、平等协商、求同存异、互利互惠、以和为贵的原则。

洽谈会也称谈判会、磋商会，是指有利益关系的各方为达成一致意见、促成合作，各方代表充分表达自己的观点，听取他方意见，然后通过反复磋商以维护自己的利益而进行的一种信息传播的行为。洽谈会前如何准备、洽谈过程中的礼仪及签字仪式礼仪都是影响洽谈效果的重要因素。

一、洽谈准备礼仪

1. 了解对方的礼仪

提前了解对方人员的年龄、资历、地位、性格特点，其对我方的态度，以及与我方的交往历史等。以便我方根据对等原则组建洽谈团队。

▶**案例点拨**

　　强盛公司与某一家电公司进行合作谈判。地点定在强盛公司所在的地市，家电公司谈判代表抵达强盛公司所在的地市，强盛公司按照惯例设宴款待对方，没想到，饭后家电公司代表表示非常不满意。

　　点拨分析：原因在于，按照当地就餐习惯，宴请时只喝酒吃菜，不吃饭，因此强盛公司代表在点菜时没有点主食，而家电公司代表远道而来，早已饥肠辘辘。第二天谈判时强盛公司提出分期付款，家电公司负责人一开始就对强盛公司的待客之道表示不满，而强盛公司又在洽谈会上提出如此苛刻要求，因此家电公司负责人坚决不同意，洽谈一度陷入僵局。

2. 了解对方的文化背景和礼仪习惯

　　"入国问禁，入乡问俗"，这似乎与洽谈毫无关系，但有时却会起到意想不到的作用。因为了解并尊重对方的礼俗、喜好习惯，更利于双方沟通感情，增加彼此之间的信任，这对洽谈能够起到良好的促进效果。

▶**案例点拨**

　　新加坡的一个华人企业想要成为德国一家著名家电公司在新加坡的代理商。二者经过几次洽谈都没有达成共识。华人企业不想放弃，并精心地进行最后一次谈判的准备，了解到对方的主要负责人特别喜欢喝茶，于是华人企业代表就想从这个方面进行突破。在洽谈期间，华人企业代表看到对方正举起茶杯准备喝茶，于是他说："从您的喝茶的姿势来看，您对茶道非常精通，能否为我们介绍一下？"没想到这句话引起了对方的兴趣，于是他十分高兴地为大家介绍了起来，气氛也由原来的沉重尴尬变得轻松愉悦。后面的洽谈进行得异常顺利，最后双方达成共识，华人企业成功地拿到了代理权。

微课　洽谈会议礼仪

3. 洽谈场所的准备

1）场所选择

（1）客座洽谈。定在客方所在的地点进行洽谈。

（2）主座洽谈。定在己方所在的地点进行洽谈。

（3）第三地点洽谈。定在不属于甲乙双方所在的地点进行洽谈。

2）会场安排

（1）一般将洽谈会安排在会议室或会客室进行。

（2）要选择宽敞明亮、整洁安静的地方，可根据洽谈会负责人的要求进行布置或装饰。

（3）要在席位上放上名牌，以便各方能够快速入座。根据负责人的要求摆放名牌。

（4）备有一定的茶具、茶水和饮料。准备好音响设备、灯光设备，以及通信、复印设备和必要的文具。

3）座次安排

（1）座次安排的基本原则是面门为上、居中为上、以右为上。

（2）长方形桌横向摆放，以正门为准，主方在背门一侧，客方面向正门，主谈人居中，如果纵向摆放，以入门方向为准，右为客方，左为主方。

（3）多方参加的洽谈，座位最好围成圆形或方形。

（4）如果洽谈在不设谈判桌的会议室进行，其座次安排的要求是：主宾坐在右边，主人坐在左边，其他客人按礼宾顺序在主宾的一侧就座，主方其他人员在主人的一侧就座。

谈判桌布置如图5-2-1所示。

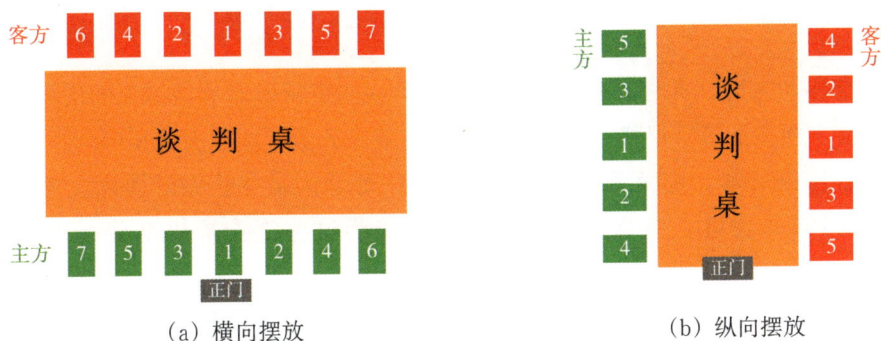

（a）横向摆放　　　　　　　　（b）纵向摆放

图5-2-1　谈判桌布置

二、洽谈过程中的礼仪

1. 洽谈着装

洽谈着装既要干净整齐，又要庄重大方。男士一般着深色西装，也可着中山装西装，衬衫、领带及皮鞋要搭配得和谐。女士可着西服套装或西装套裙，以显得自信、干练为好，切忌打扮得花哨艳丽。

2. 洽谈阶段

（1）相互介绍。一般是主方先将自己的谈判成员介绍给客方，以示尊重。

介绍时，被介绍者应站立示意，面带微笑注视对方，介绍完毕相互握手致礼。如果对方是外商，要尊重对方的习惯和风俗。

（2）自然切入正题。以轻松自然的语气先谈谈双方容易达成一致意见的话题。消除双方的陌生感和压抑、防范的心理，创造出轻松、愉快、诚挚、友好的气氛，但开头的寒暄不宜过长，以免冲淡洽谈的正题。

（3）较量与协议阶段洽谈方针。礼敬对方、平等协商、求同存异、互利互惠、以和为贵。

> **你知道吗？**
>
> ### 洽谈中的禁忌
>
> 忌欺诈隐骗，忌无理纠缠。忌盛气凌人，忌挖苦讽刺。
>
> 忌攻势过猛，忌手舞足蹈。忌含糊不清，忌尖声喊叫。
>
> 忌以我为主，忌鲁莽轻率。忌枯燥呆板，忌狡辩诡辩。
>
> 总而言之，忌"闭嘴""插嘴""杂嘴""脏嘴""荤嘴""油嘴""贫嘴""犟嘴""刀子嘴""电报嘴"。

三、签字仪式礼仪

1. 签字仪式前的礼仪

（1）确定参加人员。有时为表示对本次商务洽谈的重视或对洽谈结果的庆贺，双方更高一级的领导会出面参加签字仪式。出席签字仪式的双方人数及职位大体相等。

（2）准备协议文本。洽谈结束后，双方应组织专业人员尽快做好协议文本的定稿、翻译、校对、印刷、装订、盖章等工作。东道主应为这些工作提供准确、周到、快速的服务。

（3）签字场所的选择。一般选在客人所住的宾馆、饭店，或东道主的会议厅。为了扩大影响，也可商定在某个新闻发布中心或著名的会议、会客场所举行签字仪式。

（4）签字场所的布置。庄重、整洁、清净。

① 签字厅：一般安排在宽敞明亮的大厅内，亦可安排在谈判室内。

② 签字桌：签字桌可选择设在签字厅内的大方桌，桌上覆盖深颜色的台布，究竟选择什么颜色，要视双方喜好且不犯任何一方的忌讳。

③ 摆设：在选定的长方形谈判桌的后面摆放两把椅子，作为双方主签人员的座位，主左客右。谈判桌上摆放各方保存的文本、签字用的文具。文具的前端中央摆一旗架，悬挂签字双方的旗帜。所有摆设的摆放都遵循主左客右的原则。

（5）签字仪式座次安排。签字时，各方代表的座次由主方先期排定。主席式签字仪式座次安排如图5—2—2所示。

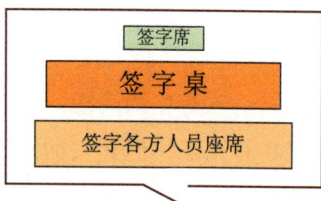

图5—2—2　主席式签字仪式座次安排

2. 签字仪式中的礼仪

（1）助签人员微笑指引签字各方人员到达指定席位，并站立在签字各方人员的后侧方。

（2）待签字仪式正式开始之后，助签人员须帮助交换已有一方签字的合同文本给其他签字方进行签署。

（3）签字各方正式交换已经有关各方正式签署的合同文本时，全体人员应鼓掌，以示祝贺。

3. 签字仪式后的礼仪

目送双方最高领导者及客方人员先退场，东道主最后退场。

情景体验

体验一：洽谈会服务礼仪训练

洽谈会服务礼仪训练的目标和步骤见表5-2-1所列。

表5-2-1 洽谈会服务礼仪训练的目标和步骤

内容	洽谈会服务礼仪训练	地点	实训室
目标	(1) 掌握洽谈会召开前的准备工作； (2) 掌握洽谈过程中的服务礼仪 (3) 了解签字仪式的服务礼仪		
步骤	(1) 学生3~4人一组 (2) 参考本任务中的案例设计场景，进行演练 (3) 针对问题，进行讨论 (4) 用张贴板展示小组成果 (5) 教师总结 (提示：细微之处见真情，酒店服务无小事，第一印象的作用)		

体验二：情景体验——价格谈判

日本某公司向中国某公司购买电石，今年是他们合作的第五个年头，年初谈价时，日方想要压价到400万美元/吨，中方态度比较坚决，表示不愿意降价。

以此为背景，10人为一组，分成中日双方，就电石的价格进行谈判，并将你方的观点写于下方。

_____
_____
_____。

思考练习

① 洽谈会前应该从哪些方面为洽谈会做准备？

② 在洽谈过程中，应遵循什么洽谈方针？

任务5-3　新闻发布会礼仪

新闻发布会也称记者招待会，是指由政府机构组织召集新闻记者并由发言人发布信息或回答记者提问的一种传播方式。

> ▶ 任务案例

某公司上个月在一个星级酒店会议室召开了一场关于新品上市的新闻发布会，但是这个发布会却没有带来预期的效果，原因如下。首先是会场外围宣传气氛冷清，偌大的星级酒店外除一条横幅外别无他物，而这条横幅还布置得十分不理想。横幅长约3米，宽60厘米，悬挂在大约5米的高处，其内容是"××公司全能扫地机器人新品信息发布会"，需要抬头仰视，十分吃力，而且与酒店高大宽阔的大堂形成强烈反差，站在稍远处看就是一条红丝带，相当小气，稍不注意就被无视掉。酒店里面也没有任何宣传，使横幅更显单薄，大堂中央立着一块高约1米、宽60厘米的水牌，标注着发布会举行的具体位置，相对气势宏伟的宽敞大堂而言形同虚设，看起来单调、冷清。按照水牌的指示上楼发现四个电梯只有一个是开的，上了电梯寻找标注房间，在电梯的尽头有一块与大堂一样大小的水牌，红色的纸上有用粉红色的水彩笔写的房间名，以及浅褐色的指示箭头，不仔细看还真的会错过。

讨论分析：

① 本次新闻发布会布置不妥之处有哪些？

② 如果你是这次新闻发布会的负责人，你会怎么布置本次新闻发布会的现场？

参考答案：

① 现场布置效果不佳，标志性的横幅悬挂过高，发布会现场缺少指示牌。

② 根据本次新闻发布会的主题布置现场，摆放新品的宣传海报，将横幅悬挂在显眼的位置，同时粘贴或者摆放到达会场的指示牌，并安排专门的人进行迎接。

一、会前筹备礼仪

筹备新闻发布会，要做的准备工作甚多。其中最重要的是要做好标题选择、时间选择、地点安排、席位安排、道具摆放、资料筹备、媒体邀请等具体工作。

1. 标题选择

新闻发布会一般针对企业意义重大且媒体感兴趣的事件举办。每个新闻发布会都会有一个标题，这个标题会打在关于新闻发布会的一切表现形式上，包括请柬、会议资料、会场布置、纪念品等。

你知道吗？

新闻发布会标题的形式

要想为新闻发布会选择一个具有象征意义的标题，一般可以采取主题加副题的形式。副题说明新闻发布会的内容，主题表现企业想要表达的主要含义，如"海阔天空，五星电器收购青岛雅泰信息发布会"。

2. 时间选择

把新闻发布会的时间定在周一、周二、周三的下午较为适宜，因为大多数媒体刊出新闻的时间是获得信息的第二天。会议时间以1小时左右为宜，新闻发布会应该尽量不选择在上午较早时或晚上。

你知道吗？

新闻发布会时间选择的注意事项

有一些以晚宴酒会形式举行的重大事件发布，也会邀请记者出席。但应把新闻发布的内容安排在最初的阶段，至少保证记者的采访工作可以比较早结束，确保媒体次日发稿。

在时间选择上还要避开重要的政治事件和社会事件，媒体对这些事件的大篇幅报道任务，会冲淡企业新闻发布会的传播效果。

微课　新闻发布会礼仪

3. 地点安排

新闻发布会的地点可以选择户外（事件发生的现场，便于摄影记者拍照），也可以选择宽敞明亮的室内。

室内新闻发布会可以直接安排在企业的办公场所或者酒店。酒店有不同的星级，从企业形象的角度来说，重要的新闻发布会宜选择五星级或四星级酒店。

案例点拨

2014年9月，微博"我的退役告别信"宣布李娜正式退役，消息一出，震惊了世界体坛，此时已经引起了媒体的极大关注。三天后，李娜的退役新闻发布会在国家网球中心——李娜的钻石舞台召开，这是中国网球公开赛即将开赛的时间，吸引了众多国内外媒体的目光，李娜更成为媒体关注的焦点。李娜方选择在发布退役信的三天后召开退役新闻发布会，给足了媒体足够的时间准备，尤其是外媒，同时很好地借助了中国网球的影响力，使新闻发布会得到了更多的关注。本次新闻发布会邀请了国内外著名媒体记者，新闻发布会现场有超过50家中外媒体，国内包括新浪、搜狐、腾讯等著名媒体，国外有路透、法新、美联三大通讯社，此外出席的嘉宾有著名的国际体育经纪公司IMG的高层。新闻发布会当天，李娜作为一名运动员没有穿正式的着装，而是身着休闲运动装，这与她的身份和形象相符合，同时为沉重悲伤的发布会增添一份轻松。

点拨分析：李娜坐姿轻松自然，双手自然摆在桌上；表情保持微笑和庄重，眼神始终注视着提问者的镜头，在掉眼泪的时候，李娜会用手指按摩眼周，不让眼泪掉下来，在镜头控制好自己的情绪，并且始终没有低头抽泣而是注视着镜头。面对记者的提问，李娜态度诚恳友好，对每位记者的提问都给予真诚的回答，立场坚定，毫不含糊。尽管她处于悲伤氛围中，但仍然不忘幽默。

4. 席位安排

新闻发布会一般是主席台加课桌式摆放的座位形式。注意确定主席台人员，需要摆放名牌。摆放原则是"职位高者靠前靠中，自己人靠边靠后"。目前很多新闻发布会采用主席台只有主持人位和发言席，贵宾坐于下面的第一排的方式。

注意席位的预留，一般在后面会准备一些无桌子的座席。

5. 道具摆放

新闻发布会最主要的道具是麦克风和音响设备。若有需要做展示的内容，还要准备投影仪、笔记本电脑、连线、上网连接设备、投影幕布等。所有的设备在新闻发布会前都要进行反复调试，确保会上能够正常使用。

6. 资料筹备

提供给媒体的资料，一般以广告手提袋或文件袋的形式整理妥当，按顺序摆放，并在新闻发布会前发放给新闻媒体。

资料筹备内容：①会议议程；②新闻通稿；③演讲发言稿；④发言人的背景资料介绍（应包括头衔、主要经历、取得成就等）；⑤公司宣传册；⑥产品说明资料（如果是关于新产品的新闻发布会的话）；⑦有关图片；⑧纪念品（或纪念品领用券）；⑨企业新闻负责人名片（便于新闻发布会后进一步采访、新闻发表后寄达联络）；⑩空白信笺、笔（方便记者记录）。

7. 媒体邀请

在新闻发布会上，主办单位的交往对象是新闻界人士。在邀请新闻媒体时，必须要谨慎选择，有所侧重。邀请媒体很讲究技巧，既要能够吸引记者，又不能过多透露新闻发布会的内容。

邀请的时间一般可以为发布前的3～5天，并于前一天稍作提醒。

▶**优秀案例**◀

2023年某省国际食品博览会推介暨新闻发布会在上海举行，此次国际食品博览会是首届食博会，主题是"绿色　健康　安全　生态"，是一个集大型博览会、高层对话、论坛研讨、美食荟萃、投资合作于一身的综合性平台。为了保证本次新闻发布会的顺利开展，本次新闻发布会的负责人分别在发布会前一周、发布会前三天、发布会前一天向新浪、腾讯、网易、新华网等多家主流及行业媒体发出邀请。同时负责人还在新浪微博向大家发出了"最是一年春好处，食博盛会迎君来"的邀请。

二、会场应对礼仪

1. 现场的布置

设计与新闻发布会主题相关的背景，布置会场。在新闻发布会正式召开前，需要提前一到两个小时检查现场的布置情况，确保各个细节都已准备妥当，并调试音响设备、放映设备及灯光背景等。

2. 现场的应酬

在新闻发布会举行期间，现场有可能会出现各种无法预料的问题，这就需要主办单位的全体人员齐心协力，密切合作。主持人和发言人更要善于随机应变，把握全局。

▶ **案例点拨**

某公司召开发布新产品的新闻发布会，公司的几位负责人连续发言，但是几位负责人都是在介绍企业的概况，没有一位谈到本次新品的相关信息。其中一位负责人发言水平堪忧，缺乏专业术语与行业数据，他讲与经销商长期合作"我们合作就不会换了，好机器坏机器你要都做"。还有一位负责人发言时头发蓬松，穿着白色长袖衬衣且没有熨烫，褶皱部分明显，而他还挽起衣袖至肘部，干劲十足的样子。这样的场景引起台下众多媒体人的议论最终，该公司召开的本次新闻发布会并没有取得预期的效果。

三、会后善后礼仪

1. 整理资料

收集媒体的相关报道包括整理新闻发布会的音像资料、收集新闻发布会的简报等，制作新闻发布会的成果资料集。

2. 善后事宜

新闻发布会举行完毕之后，主办单位需要在一定的时间之内，评测新闻发布会的效果，总结经验。

情景体验

活动策划

假设你所在的班级同学参加学校运动会获得了很好的成绩，同学们打算就此事在班级召开一个新闻发布会,请你策划本次新闻发布会,并简要写出策划方案。

_____

_____

_____ 。

思考练习

① 召开新闻发布会时,关于时间的选择有何要求?

② 召开新闻发布会时,关于地点的选择有何要求?

任务5-4　展览会礼仪

所谓展览会,主要是特指商务活动中有关方面为了介绍本单位的业绩,展示本单位的成果,推销本单位的产品、技术或专利,集中陈列实物、模型、文字、图表、影像资料等所组织的宣传性集会。

展览会具有极强的说服力、感染力,因为它可以现身说法打动观众。展览会礼仪通常是指在组织、参加展览会时,所应当遵循的规范与惯例。

▶任务案例

在一次母婴用品展览会中,一对年轻的夫妇带着他们的宝宝逛到一个婴儿玩具的展台前。小宝宝看到琳琅满目的商品,用手指指点点,显示出兴致勃勃的神态。但是这家展台的工作人员却爱答不理,甚至对小孩的行为显现出不悦的表情,对此小孩的父母极为尴尬,于是赶紧带小孩到隔壁的另一个展台。该展台的展品同样是婴儿玩具,该展台的工作人员见小孩哭闹,于是给小孩拿来精美的玩具,并细心地拿来纸巾为小孩擦拭眼泪。孩子的父母见状便和第二个展台的工作人员攀谈起来,原来这对年轻的夫妻正在经营一家母婴用品的商店,此次前来就是要寻找新的供货商。之后,这对年轻的夫妻很快地与第二个展台的公司签订了合约。

讨论分析:

① 请结合案例分析,第一个展台的负责公司为何错失此次签约客户的良机?

② 在展览会中,展台工作人员面对客人来访,要怎样接待?

参考答案:

① 第一个展台的工作人员对客人爱答不理,甚至对小孩的行为显现不悦,让客人觉得非常尴尬,使得客人不得不赶快离开。

② 在展览会中,面对客人的来访,展台工作人员需要热情耐心地为客人进行展览内容介绍,主动为客人服务。

一、展览会前礼仪

1. 展前宣传

展前宣传应从熟悉的客户入手，加强与老客户的联系，把展览会的准确信息及时传送给他们，获得他们对展览会的支持。同时要积极争取潜在的客户，真诚地邀请潜在的客户参与展览会。

2. 发布邀请函的时间安排

发布邀请函的时间不宜过早或过晚，过早消费者或者客户容易遗忘；过晚有可能会使得客户或者消费者不方便安排时间参加。

如果是一次邀请，可提前一周发出邀请函，被邀请者可以在展前4~5个工作日收到邀请函，以做好参展准备。如果是多次邀请，可在展前90天时发出第一封邀请函，在展前45天再发第二封邀请函，或者每两个星期发出一次。

二、展览会中礼仪

1. 展馆（台）设计

展馆（台）设计应有特色，美观与创新相结合，体现企业的独特性和针对性，可用现代化手段对产品进行渲染。中国2010年上海世博会德国国家馆如图5-4-1所示。

图5-4-1 中国2010年上海世博会德国国家馆

展馆位置：世博园区C片区。

展馆主题：和谐城市。

造型亮点：悬浮于空中的建筑。

建筑面积：6000平方米。

设计者：米拉联合设计策划有限公司。

德国国家馆以"和谐城市"为主题，旨在传达"城市本来就是一种和谐之美，在城市与自然之间、创新与传统之间、全球化与国家特色之间需要争取平衡、求得和谐"的精神。

2. 展台工作人员礼仪

（1）服饰礼仪。展台工作人员应统一服饰，以深色西服、套裙为主，也可以穿本公司的制服。

（2）手的位置。展台工作人员的双手过于拘谨僵硬，容易给客人造成不靠谱的印象；双手插兜、背在后面或者环抱胸前，容易给人一种很随意的感觉。因此展台工作人员的双手可以稍微动起来，如说给客人递茶或者是手拿一些关于展台的资料。

（3）眼神礼仪。

① 快速了解一个人最直接的办法就是观察他的眼神。当眼神与客人相遇时，如果对方有回应，说明对方有想要交流的意愿；如果对方的眼神回避，则反之。

② 与客人进行眼神的交流时，要诚恳、亲切、热情。

微课　展览会礼仪

> **你知道吗？**
>
> **会展 3S**
>
> stand——站起来，客人来了要起身相迎。
> see——目视对方，目中有人。
> smile——面含微笑。

（4）热情待客。首先要主动接近客人，与其攀谈，微笑问好；其次耐心回答客人的问题，并为之提供翔实的宣传资料；最后送别客人，并说"欢迎再次光临""谢谢惠顾"等。

（5）善于交流。与客人打招呼时，可以选用开放式的问题。例如："您好，您对某某产品熟悉吗？"和"您好，请问您有什么需要吗？"

> **优秀案例**
>
> 　　一天一对日本母女两人到旅游商品展选购旅游特产。她们来到一个卖茶叶的展台，目光集中在北海的海丝古茶上面。服务员小刘用日语向她们打招呼，接着热情地把不同品种的茶叶从货架上取下来让客人挑选。当小刘发现客人对选购什么茶叶犹豫不决时，便拿一款红茶给她闻，并且说："这款红茶色泽红浓，香气浓郁。"同时她又拿起另一款带有淡雅茉莉花香气的花茶说："这款茉莉花茶清雅而不俗气，很适合你。"母女俩高兴地买下来，另外挑选了好几款茶叶准备带回日本给家人和亲友。
>
> 　　接着这对母女就与小刘攀谈了起来，还邀请小刘陪她们去附近的展台看看，小刘欣然同意。母亲说："我丈夫很热爱书法，我想给他买两方砚台。"于是她们就到了售卖文房四宝的一个展台，日本母亲看到两方荷花造型的砚台，说这两方砚台大小正好合适，只可惜这个荷花造型不是很吉利，因为在日本荷花被视为不吉利的象征。于是小刘主动帮忙询问，服务员便拿着两方鱼子纹歙砚上来，小刘立马为日本母女介绍道："书画用砚台和鉴赏砚台是不一样的，您需要购买的是书画砚台，这种砚台一般以实用为主。这方鱼子纹歙砚造型比较低调朴实，石质看起来非常细腻，比刚刚那方荷花砚台更好，您

的先生使用起来一定能够妙笔生花。"于是，日本母女满意地买下这方鱼子纹歙砚，最后分别时，日本母女为了感谢小刘的热心帮助，还特地送了小刘一份纪念品。

不论是宣传性的展览会还是销售性的展览会，二者在解说技巧方面存在一些共性：首先要有针对性，针对自家的展品，强调和突出展品的特色；必要时邀请客人亲自动手操作，也可以安排客人观看展品的相关影视资料，展台上放上展品的相关纸质资料，客人可自取。

宣传性展览会和销售性展览会的解说技巧的差异：前者的重点体现在推广参展单位的形象上，解说侧重参展单位与公众双向沟通；后者的重点放在介绍和推销主要展品上。

▶案例点拨

某品牌智能扫地机器人在家电产品展览会进行布展促销，业务员小李是本次展览会的负责人。一名客人进入展台，问该品牌某型号的机器人的性能，小李做了比较详细的回答，客人半信半疑。谈到价格时，客人说："这个价格比我的预算高很多，能否有商量的余地？"小李回答："我们经理说了，这已经是最低的价格了，一分都不能再降了。"客人沉默了半天没有开口回答，小李见此有点沉不住气了，不由自主地拉松了领带，眼睛一直盯着客人，客人不免皱了皱眉头就走了。

点拨分析：在展览会中，面对客人的砍价，展览会工作人员态度要柔和，耐心为客人解释为何产品如此定价，突出产品的特色，并取得客人的谅解。

（6）模特礼仪。有一些展台为了能吸引客人，特地安排模特进行站台。模特不仅要有靓丽的外表，还要具备良好的公关素质，其中包括随机应变的能力、悦耳的声音、流利的解说、丰富的礼仪知识，并且具有对服饰的表现力等。

▶你知道吗?

"FABE"是什么？

"F"指展品特征，"A"指产品优点，"B"指客户利益，"E"指可信证据。具体来说，"FABE"并重就是要求解说应当以客人利益为重，要在提供有力证据的前提下，着重强调自己所介绍和推销的展品的主要特点和优点，争取使客人觉得言之有理、言之有据，乐于接受。

三、展览会后礼仪

1. 展览会评估

评估内容：展览会现场的展览环境、气氛效果等。

评估小组：由主办机构成立，指定专人负责。评估小组一般在开展前一个月成立，在开展后的一个月完成展览会评估。

评估程序：确立展览会评估目标、评估标准，制定评估方案，实施评估方案，撰写评估报告。

2. 展后总结

展后总结指整理分析展会中收集的资料信息，总结经验，为今后的工作提供数据资料和建议。

方法：召开讨论会、撰写总结和报告。

2. 展后跟踪服务

对象：参展的重要客户和有合作意向的参展商。

意义：与客户和参展商保持长期的感情联系，了解客人的参展感受，为今后再召开展览会提供意见。

情景体验

体验一：展览会中展台工作人员的礼仪训练

展览会中展台工作人员的礼仪训练目标和步骤见表5-4-1所列。

表5-4-1　展览会中展台工作人员的礼仪训练目标和步骤

内容	展览会中展台工作人员的礼仪训练	地点	实训室
目标	（1）知晓展览会中展台工作人员的相关礼仪 （2）提高问题分析能力、合作能力		
步骤	（1）学生自由组合，3～4人为一组 （2）参考任务案例进行 （3）针对问题，进行讨论 （4）用张贴板展示小组成果（提示：热情待客、善于交流、服饰礼仪，眼神体现的礼仪内涵） （5）教师总结		

体验二：场景体验——旅游展策划

2023年中国—东盟博览会旅游展计划在桂林国际会展中心举行。合浦金蝠角雕作为北海的一张名片，受邀参加本次旅游展，小白为负责人。

如果你是小白，你会如何做好本次旅游展的策划？

_____

_____

_____。

思考练习

① 在展览会上接待客人应该注意哪些礼仪？

② 展台应该怎样布置？

③ 展览会后需要对重要客户进行跟踪服务，这有何意义？

模块六 宴会礼仪

▶ 模块介绍

　　宴会是当今社交活动的一种重要方式，承载着社会规则和礼俗规范，是文化传统的延续和展示，无论是正式的商务宴请还是家宴，参加宴会活动的人，必须注重礼节，讲究礼仪。作为旅游服务接待人员，熟悉基本的宴会类型和用餐礼仪，不仅能提高服务质量，还能提升自身修养，塑造良好形象。

▶ 学习目标

① 了解宴会的一般形式，掌握宴会的礼仪规范。
② 了解中西餐和自助餐用餐礼仪的基本要求。
③ 掌握中西餐和自助餐用餐中的基本礼仪和禁忌。
④ 通过模拟训练，熟练运用中西餐和自助餐礼仪的相关知识。

▶ 礼仪警句

礼仪是微妙的东西，它既是人们交际所不可或缺的，又是不可过于计较的。

——培根

▶ 礼仪观点

　　小陈是宴会厅的一名新员工，在服务某个西式婚礼的鸡尾酒会上出了差错：当天下午到访的宾客大多数是双方亲朋好友，其中不乏老人和小孩。小陈在鸡尾酒会上被分配到的职责是服务酒水饮料，由于当天鸡尾酒会上提供的酒水饮料很多，除果汁汽水外，还有几种调制好的鸡尾酒，而小陈是新员工，对鸡尾酒的认知不够，误将一杯名为玛格丽特（浅黄色含酒精）的鸡尾酒当成是柠檬汁递给了一个十岁的小孩子，导致小孩子喝掉后出现酒精中毒状况，被宾客投诉，随后家人紧急送医后才脱离危险。

　　观点：鸡尾酒会是大多数高档次西式婚礼的"前戏"，一般安排在下午（晚上正餐之前）。服务员准备此类酒会前，必须要提前认知所有的饮料食品，方便为不同的人群服务，禁止将含酒精的饮料提供给小孩。

任务6-1 认识宴会

宴会是外交工作最常见的活动形式，是国际交往中最常见的交际活动之一，也是对外交际和开展友好工作的极好机会。

▶**任务案例**

某酒店接待了一场特殊的婚宴，新郎是中国人，新娘是法国人，因此安排中方家属坐一桌，法方家属坐一桌。服务员王娜统一按照中方的先主后宾、先老人后年轻人的顺序做服务，结果服务员受到法方家属的批评和指正。王娜意识到了自己的错误，也懂得了宴会服务是一项重要的服务技能，对服务人员有着综合性的技能要求。

讨论分析：

在本案例中，服务员王娜错在哪？

参考答案：

法国的用餐礼仪遵循"女士优先"的原则，不分主宾座位，不分老幼，永远先服务女士。在本案例中，服务员王娜在席间服务时按照我国的服务顺序去服务法国宾客，没有考虑到法国宾客的礼仪习俗。

宴会是因习俗或社交礼仪需要而举行的宴饮聚会，是指比较正式、隆重的设宴招待，宾主在一起饮酒、吃饭。中国宴会究其起源，可以追溯到旧石器时代晚期，较早的文字记载见于《周易·需》中的"饮食宴乐"。

宴会是正餐，出席者按主人安排的席位入座进餐，由服务员按专门设计的菜单依次上菜。宴会是在普通用餐基础上发展起来的高级用餐形式，也是国际、国内人们交往中常见的礼遇活动。从不同角度看，宴会有不同的种类及特点。

一、按宴会的形式分类

1. 中餐宴会

中餐宴会是中国传统的聚餐形式，采用典型的中国式服务，装饰布局、台面布置及服务等无不体现中国的饮食特色。中餐宴会遵循中国的传统饮食习惯，多配用圆桌，以饮中国酒、吃中国菜、用中国餐具、行中国传统礼仪为主。中餐宴会如图6-1-1所示。

2. 西餐宴会

西餐宴会是按照西方国家的礼仪习惯举办的宴会，装饰布局、台面布置及服务等具有鲜明的西方特色。它的特点是遵循西方国家的饮食习惯，采取分食制，以西式菜肴为主，用西式餐具，讲究酒水与菜肴的搭配，餐间常有音乐伴奏。西餐宴会如图6-1-2所示。

图6-1-1　中餐宴会　　　　　　　　　图6-1-2　西餐宴会

3. 中西合璧宴会

中西合璧宴会是中餐宴会与西餐宴会相结合的宴会形式，装饰布局、台面布置及服务等根据中西菜品而定。宴会菜品既有中餐菜肴又有西餐菜肴，酒水既有中餐酒水也有西餐酒水，所用餐具既有中餐的筷子、勺子，也有西餐的各式刀、叉。

二、按宴会的规格分类

按照宴会的规格，宴会可分为国宴、正式宴会、便宴、家宴，如图6-1-3所示。

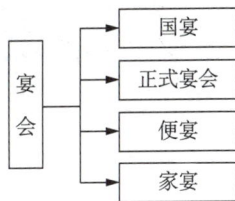

图6-1-3　按照宴会的规格分类

1. 国宴

国宴是国家元首或政府首脑为国家庆典或为外国元首、政府首脑来访而举行的宴会，是宴会中规格最高的。中国国宴历史悠久，独具特色，是集中国饮食文化特色和礼仪文化特色于一身的经典形式之一。2016年在杭州举办的G20国宴，是近年来国宴史上最经典的一次盛宴，如图6-1-4所示。按规定，举行国宴的宴会厅内应悬挂两国国旗，安排乐队演奏两国国歌及席间乐，席间主宾双方有致辞、祝酒。由中国政府邀请来宾时，中国的国旗挂在左方，外国的国旗挂在右方。来访国举行答谢宴会时则互相调换位置。国宴的礼仪要求特别严格，安排特别细致周到，宴会厅布置体现庄重、热烈的气氛。

2. 正式宴会

正式宴会通常是政府和团体等有关部门为欢迎应邀来访的客人或为来访的客人答谢主人而举行的宴会。中餐正式宴会以圆桌排座，与国宴相比，除不挂国旗、不奏国歌及出席人员级别不同外，其余的安排大体相同。有时也要安排乐队奏席间乐，宾主均按身份排位就座。许多国家的正式宴会十分讲究排场，对餐具、酒水、菜肴的道数及上菜程序均有严格规定。

正式宴会如图6－1－5所示。

3. 便宴

便宴是一种非正式宴会，常见的有午宴、晚宴，有时也有早宴。它最大特点是简便、灵活，可不排席位、不做正式讲话，菜肴可丰可俭，有时还可以为自助餐形式，自由取餐，可以自由行动，更显亲切随和，如图6－1－6所示。

图6－1－4　G20国宴

图6－1－5　正式宴会

图6－1－6　便宴

4. 家宴

家宴是为在家中招待客人所设的便宴。家宴最重要的是制造亲切、友好、自然的气氛，使赴宴的宾主双方轻松、自然、随意，彼此增进交流，加深了解，促进信任。西方人士喜欢采取这种形式待客，以示亲切，并且常用自助餐形式。

三、按宴会的用餐方式分类

1. 冷餐宴会

冷餐宴会多为政府部门或企业界举行人数众多的盛大庆祝会、欢迎会、开业典礼等活动所采用。冷餐宴会不同于传统的中式宴请，是讲主题、讲环境、讲氛围、讲品格的宴请方式，是既有档次又不失轻松的交流场所。冷餐宴会又被称为冷食自助餐，菜肴以冷食为主，可上热菜，食品有中菜、西菜和中西结合菜，菜肴提前摆在食品台上，供客人自取，不排座位，宴会开始后自助进餐。我国举行的大型冷餐宴会，一般用大圆桌设座椅，主宾席排座位，其余各席不固定座位。根据宾主双方的身份，冷餐宴会的规格和隆重程度可高可低，举办时间一般在12：00～14：00或16：00～20：00。

2. 鸡尾酒会

鸡尾酒会是较流行的社交、聚会的宴请方式，起源于美国，具有欧美传统的集会交往形式，它适用于小型庆典、纪念、开业典礼或社交聚会等。鸡尾酒会的食品以酒类和饮料为主，配以各种果汁，提供不同酒类配合调制的混合饮料（即鸡尾酒），略备小吃食品，形式较轻松，举行的时间较为灵活，中午、下午、晚上均可，一般不设座位，没有主宾席，个人可随意走动，便于广泛接触交谈。

3. 茶话会

茶话会又叫茶会或茶宴，在中国十分盛行，是一种非常经济简便、轻松活泼的宴会形式，多为社会举行纪念和庆祝活动所采用。茶话会是以茶代酒作宴，宴请款待宾客之举，会上一般备有茶、点心和各种各样的风味小吃、水果等。

四、按宴会的性质和举办目的分类

1. 公务宴会

公务宴会是政府部门、事业单位、社会团体及其他非营利性机构或组织因交流合作、庆典庆功、祝贺纪念等公务事项接待国际、国内客人而举行的宴会。公务宴会是公务交往中常见的礼仪活动，包括庆贺宴会、欢迎宴会、欢送宴会、答谢宴会、招待宴会等，对座次、餐具、菜肴、酒水的安排有一定的要求。

2. 商务宴会

商务宴会是各类企业、营利性机构或组织为了一定的商务目的而举行的宴会。商务宴会的宴请目的非常广泛，宴请形式多样，可根据客人需求灵活安排。商务宴会的宴席规模应根据宾客的数量和贵宾的级别来决定。在宴席上，应当给每位客人安排座位，以体现尊重和礼节。

3. 婚宴

婚宴是人们举行婚礼时为宴请前来祝贺的亲朋好友而举办的宴会。婚宴礼仪繁琐而讲究，从入席到上菜，从菜品组成到进餐礼节，乃至席桌的布置、菜品的摆放，等等，各地都有一整套规矩，在环境布置方面要求富丽堂皇，在菜品的选料与道数方面要符合当地的婚庆习俗，要尊重和满足主人的需求。

4. 生日宴

生日宴是人们为纪念出生日和祝愿健康长寿而举办的宴会。常见的生日宴有满月宴、百日宴、成人礼、六十大寿宴、七十大寿宴、八十大寿宴等，其装饰布局、台面布置体现喜庆热烈的气氛。

情景体验

体验一：宴会的类型选择

年终将至，某酒店为了答谢合作发展商、业内友人、媒体并拓展业务范围，将举办一场宴会，请你根据我们所学的宴会的种类，选择适合该公司的宴会类型，说明理由。

_____
_____
_____。

体验二：调查报告

以小组合作的方式，了解当地酒店有哪些宴会产品及服务内容，并填入表6-1-1。

表6-1-1 酒店宴会产品调查表

酒店名称：				
组　　长：				
小组成员：				
序号	宴会产品	服务内容和特点	适合人群	宴会产品图片
1				
2				
3				
4				
5				
6				
7				
8				

思考练习

① 什么是宴会？

② 请你写出不同种类的宴会和特点？

任务6-2　中餐宴会礼仪

任务案例

　　大华旅游公司将要举办一场年终VIP客户答谢宴会，公司王总经理决定用中餐宴会的形式来招待宾客，具体事宜由销售部协调、安排。接到任务后，销售部孙经理马上组织部门员工召开了筹备会。他们首先根据宴请的人员数量、活动经费等选择了一家非常有特色的酒店，然后根据客人的身份、重要性、年龄、性别等分好了席位。尽管他们做了充分的准备，可是在活动当天，还是出现了一些不尽如人意的地方：客户赵先生在酒店附近找了半天，没有找到停车场，结果迟到了；员工小李为了表示东道主的热情，与一位客户喝了好几杯酒，在对方声明身体不适的情况下，仍然不罢休，弄得对方很是反感；酒店的个别值台服务员在菜品上齐后就不见人影，反而需要客人自己来倒酒、分菜。

　　（资料来源：刘伟. 旅游职业礼仪与交往［M］. 2版. 北京：旅游教育出版社，2022.）

讨论分析：

① 本案例中的答谢宴会有哪些方面做得不够好？

② 为什么会出现这些情况？

参考答案：

① 在本案例中，有三处做得不够好的地方：①没有提前明确停车场的位置，故客户赵先生因没有找到停车场而迟到；②员工小李在客户声明身体不适的情况下仍然让其喝酒；③个别值台服务员存在不在岗位的情况。

② 出现这些情况的原因是，大华旅游公司的工作人员和酒店的个别服务人员没有很好地掌握用餐礼仪的一些规则、要求。

　　中餐宴会是指具有中国传统的民族形式的宴会，其遵循中国的饮食习惯，配用圆桌，使用中式餐具，食用中式菜肴，饮用中国酒水，采用中国的服务方式，行中国的传统礼节。

一、中餐宴会席位排列

　　中餐宴会的席位排列关系到来宾的身份和主人给予对方的礼遇，是一项重要的礼仪内容，因此必须符合礼仪规格，尊重风俗习惯。中餐宴会席位的排列，大致分为桌次排列和位次排列两种。

1. 桌次排列

1）两桌组成的宴会的桌次排列

两桌组成的宴会的桌次排列根据餐厅的形状及门的方位而定，分为两桌横排和两桌竖排的摆放形式。

（1）两桌横排摆放，桌次是面对正门以右为尊，以左为卑，如图6—2—1（a）所示。

（2）两桌竖排摆放，桌次是面对正门以远为上，以近为下，如图6-2-1（b）所示。

2）三桌或三桌以上组成的宴会桌次排列

（1）在安排多桌宴请的桌次时，遵循"面门为上""以右为尊""居中为上""以远为上"等规则，主桌排定之后，其余桌次的高低以距离主桌的远近而定，如图6-2-2所示。

（2）为了使客人能够及时、准确地找到自己所在的桌次，主办方一般预先将客人桌号打印在请柬上，同时在宴会厅入口处放桌次排列平面示意图，以便客人抵达时根据平面示意图迅速找到自己的位置，也可以安排专门的服务人员引导来宾按桌就座。

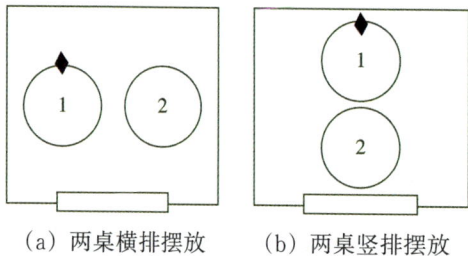

（a）两桌横排摆放　（b）两桌竖排摆放

图6-2-1　两桌横排摆放、两桌竖排摆放

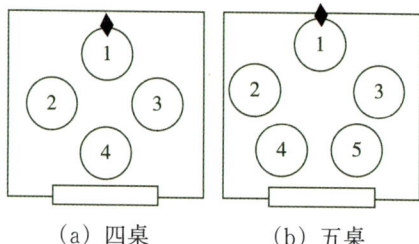

（a）四桌　　（b）五桌

图6-2-2　多张餐桌的排列

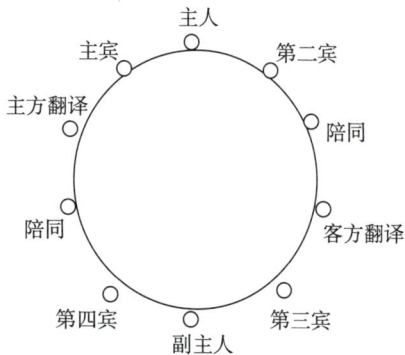

图6-2-3　10人正式宴会位次安排

2. 位次排列

位次礼仪是中国的传统文化，是礼仪知识的一部分。宴请时，每张餐桌上的具体位次有主次尊卑的区别。位次排列的基本要求如下。

（1）针对单桌宴会，主人位应设于圆桌正面的中心位置，面对正门而坐，副主人位应设于主人位的对面，正、副主人位与桌心呈一条直线，如图6-2-3所示。其余座位按"以右为贵"原则依次按"之"字形飞线排列，同时做到主客相间。

（2）针对多桌宴会，位次安排的重点是确定各桌的主人位。以主桌主人位为基准，各桌主人位一般与主桌主人同向，有时也可以面向主桌主人，与主桌主人位呈对面式或侧对式，如图6-2-4所示。

微课　中餐位次的排列

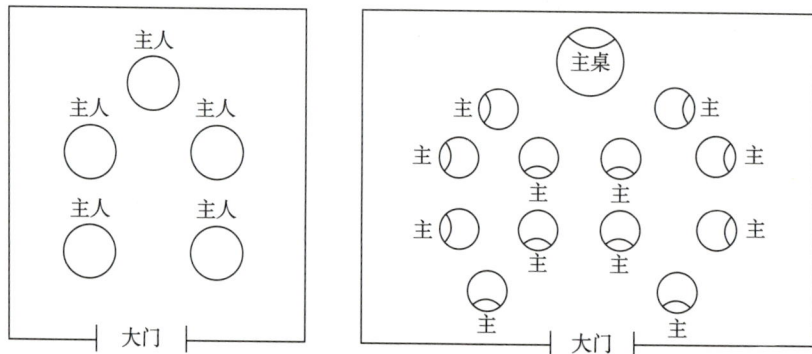

图6-2-4　多桌宴会位次安排

（3）各桌位次的尊卑应根据其距离该桌主人的远近而定，以近为上，以远为下。

（4）各桌依该桌主人的位置，讲究以右为尊（以该桌主人面向为准）。

二、中餐宴会用餐服务

1. 入席服务

当客人来到席位前时，值台服务员要面带微笑，按迎宾服务要领提供相应服务。拉椅让座，待客人坐定后，从客人右侧帮助客人打开餐巾、筷套等开餐服务。

2. 酒水服务

高级宴会常规的斟酒顺序是，先斟主宾位后斟主人位，再斟其他客人位。宴会斟酒的两个不同阶段，一是宴会开始前的斟酒，二是宴会进行中的斟酒。一般情况下，客人会在进餐开始前选定其所用的酒水，服务人员在宴会开始前将葡萄酒和白酒依次斟入每位客人的酒杯中，待客人入座后，再依次为客人斟倒啤酒及其他饮料。在宴会进行过程中，当客人杯中酒液不足半杯时要及时为宾客添斟酒水，在客人干杯前后及时添斟酒水。

3. 菜肴服务

（1）根据宴会的标准、规格及客人的要求，可采用餐位分菜法、转台分菜法、旁桌分菜法等不同的分菜方式来进行服务。

（2）中餐宴会上菜位置一般在副主人右侧（或者翻译与陪同之间），这样有利于副主人和翻译向来宾介绍菜肴名称、口味，严禁在主人和主宾之间、来宾之间、老人与儿童身边上菜。

（3）上菜顺序严格按照席面菜单顺序进行。

（4）上菜时，第一道热菜应放在主人和主宾的前面，由主宾开始按顺时针方向依次取菜，切不可迫不及待地越位取菜，后面上菜可遵循同样的原则。

4. 席间服务

在宴会进行时，服务人员要勤巡视、把握上菜速度、勤斟酒、勤换盘碟和烟灰缸，客人席间离座，应主动帮助拉椅、整理餐巾；待客人回座时应重新拉椅、递铺毛巾。席间仔细观察客人的表情及需求，主动提供服务。

三、中餐餐具使用礼仪

中餐餐具主要有杯、盘、碗、碟、筷、匙六种。在正式的宴会上，水杯放在菜盘上方，酒杯放在菜盘右上方。筷子与汤匙可放在专用的盛器中，或放在纸套中。

1. 筷子的使用

筷子是中餐最主要的餐具。用筷子取菜、用餐的时候，要遵守基本的规矩和礼仪。

（1）无论筷子上是否有残留的食物，都不要舔筷子，也不要用筷子去推动碗、盘和杯子。

（2）不能用筷子在菜盘里上下乱翻，遇到别人也来夹菜时，要注意避让，防止"筷子打架"。

（3）和人交谈时，要暂时放下筷子，不能一边说话，一边挥舞着筷子，更不能把筷子戳到别人面前或指着别人。

（4）不要把筷子竖插在食物上面。

（5）不能用筷子剔牙、挠痒，也不能用筷子夹取食物之外的东西。

（6）筷子一定要放在筷子架上，不能放在杯子或盘子上，否则容易碰掉。

> **你知道吗？**
>
> ### 使用筷子的禁忌
>
> 一忌敲筷　　二忌掷筷　　三忌叉筷　　四忌插筷　　五忌挥筷　　六忌舞筷

2. 汤匙的使用

（1）可以用汤匙辅助舀取菜肴、食物，但尽量不要用自己的汤匙去取菜，要使用专用的汤勺。

（2）使用汤匙取用食物后，应立即食用或放在自己碟子里，不要把它倒回原处。

（3）暂时不用汤匙时，应放在自己的碟子上，或者是专用的架子上，不要把它直接放在餐桌上或是插在食物中。

（4）食用汤匙里盛放的食物时，不要把汤匙塞入嘴中反复吮吸舔食。

（5）用勺子取食物时，不要过满，免得溢出来弄脏餐桌或自己的衣服。

（6）如果取用的食物太烫，不要用汤匙舀来舀去，也不要用嘴对着吹，可以先放到自己的碟中或碗里等凉了再吃。

3. 盘子的使用

中国餐桌上常常会出现大小不同的盘子，大盘子通常用于盛放主菜，如肉类、蔬菜等，小盘子则多用于盛放调料、小菜或干果等配菜。盘子主要用以盛放食物，在餐桌上一般要保持原位，而且不要堆放在一起。不吃的渣、骨、刺等不要直接吐在地上或餐桌上，而应用筷子夹放到食碟上。如果食碟放满了，可示意服务人员及时更换。食碟主要用来盛放从公用的菜盘里取来的菜肴。使用食碟时，一次不要取放过多的食物。

4. 牙签的使用

牙签是中餐餐桌上的必备之物。用餐时，不要当众剔牙。剔牙时，应用另一只手掩住口部；剔牙后，不要叼着牙签，更不要用使用过的牙签扎取食物。

5. 手巾和餐巾的使用

中餐用餐前，服务人员一般会为每位客人送上一块湿毛巾，这是供客人擦拭嘴角和双手用的，用完后把它放回盘子里。宴会结束前，服务人员会再上一块湿毛巾，这块湿毛巾是用于擦嘴的，不能用其擦脸或抹汗。

如果桌面设有餐巾，当主人拿起餐巾表示用餐开始，客人看到主人已先拿起餐巾后，方可将餐巾全部打开或对折，平摊在自己的腿上。不能将餐巾抖开围在身上或塞在领口。中途离席，用盘子压住餐巾的一角。用餐完毕后，将餐巾拿起随意叠好，放在餐桌左侧。在正式宴会上，切忌用餐巾或餐巾纸擦拭餐具、酒具等物品，那是对主人不信任和不尊重的表现。

四、中餐宴会用餐礼仪规范

随着中西饮食文化的不断交流，现在中餐不仅是中国人的传统饮食，还越来越受到外国人的青睐。在中餐宴会用餐时应遵守礼仪规范。

1. 入座礼仪

当步入宴会大厅时，首先要跟主人打招呼，对待其他客人，要微笑点头示意或握手问好。入席时，听从主人或接待人员安排座位，应让位高者、年长者及女士优先入座，入座的方式为从左侧入座，即右手拉开椅子，从椅子的左边入座。入座后要保持坐姿端正，双脚踏在本人座位下，不要任意伸直腿或两腿不停摇晃，手肘不得靠桌缘，不宜将手放在邻座椅背上。

2. 用餐礼仪

（1）只有当主人示意宴会开始后，客人才可以动筷。

（2）菜肴一上桌，应由主宾先取用。无论上任何一道菜，如果主宾尚未动筷，其他人不宜率先取食。

（3）宾客进餐的速度宜与男女主人同步，不宜过快或过慢。

（4）多人用餐，取菜时要注意相互礼让，依次而行，取用适量。

（5）取菜时应从盘子靠近或面对自己的盘边夹起。距离自己较远的菜可以请人帮助，不要起身甚至离座去取。

（6）进餐时，口含食物时最好不与别人交谈。

（7）如果不慎将酒水、汤汁等溅到他人的身上，应表示歉意。

（8）席间不宜吸烟，若要吸烟，必须先征得邻座的同意。

（9）吐出的骨头、鱼刺等要用筷子或手取接出来，不要直接吐到桌面或地面上。

（10）如果宴会没有结束，但自己用餐完毕，不要随意离席。只有当主人和主宾用餐完毕起身离席后，其他的客人才能依次离席。

3. 敬酒礼仪

敬酒也就是祝酒，指在正式宴会上，由男主人向来宾提议，提出某个事由而饮酒。在敬酒时，通常要讲一些祝愿、祝福类的话，有时主人和主宾还要发表专门的祝酒词。祝酒词内容越短越好。

1）敬酒的时机

敬酒分为正式敬酒和普通敬酒。正式敬酒一般在宾主入席后、用餐开始前进行，一般由主人进行敬酒，同时要说一些规范的祝酒词。普通敬酒在正式敬酒之后皆可进行，但要在对方方便的时候。

2）敬酒的顺序

敬酒前一定要充分考虑好敬酒的顺序，分清主次，避免出现尴尬的情况，一般应以年龄大小、职位高低、宾主身份为序。

3）敬酒的举止要求

（1）当主人向集体敬酒、说祝酒词的时候，所有人应该一律停止用餐或喝酒。

（2）当主人提议干杯的时候，所有人都要端起酒杯站起来，互相碰一碰。即使平时滴酒不沾的人，也要拿起酒杯抿一下，以示对主人的尊重。

（3）别人向你敬酒的时候，你要手举酒杯到双眼高度，在对方说了祝酒词或"干杯"之后再喝。喝完后，还要手拿酒杯和对方对视一下。

（4）碰杯的时候，应该让自己的酒杯低于对方的酒杯，表示对对方的尊敬。当你离对方比较远时，用酒杯杯底轻碰桌面，表示和对方碰杯。

（5）劝酒要适度。作为敬酒人，应当充分体谅对方，有些人因为生活习惯或健康等原因不适合饮酒，也许会委托他人代喝或者用茶水、饮料等代替，不要强迫对方喝酒。

情景体验

体验一：画一画

假设你是某公司的秘书，该公司要宴请重要的客户，请你根据中餐宴会席位排列的要求，进行合理的安排（画图方式）。

（1）单桌位次排列。

（2）两桌桌次排列和位次排列。

（3）六桌桌次排列和位次排列。

体验二：情景模拟

某公司在某酒店宴请重要的合作伙伴，请同学们以小组合作方式结合中餐宴会用餐礼仪规范的内容设计情景，并进行模拟演练，其他小组观看并找出用餐不规范之处。

角色：总经理、秘书小邓、员工小王、员工小李、合作伙伴和服务人员。

场景布置：按照中餐厅布置。

情景设计要求：

（1）根据中餐宴会用餐礼仪规范的内容设计情景；

（2）情景内容设计至少要有五处用餐不规范。

思考练习

① 简述中餐宴会用餐席位排列的方法。

② 简述中餐宴会中的用餐礼仪。

任务6-3　西餐宴会礼仪

▶ 任务案例

高星级酒店的西餐宴会通常以法餐、意餐为主。大多数的西餐宴会是分餐制，菜品均为"位上"，同时需要严格按照宾客所点的菜品进行西餐餐具的依次摆放，按照菜品的上菜顺序将餐具由外到内摆放。

小王是一名外企的员工，由于平时对西餐用餐礼仪了解较少，当吃鱼的时候，面对桌面上的刀刀叉叉，不知道应使用哪把刀叉，就随便选择了一把刀叉，随后小王发现了其他客人的异样眼光。

讨论分析：

在本案例中，为什么其他客人向小王投来了异样的眼光？

参考答案：

西餐餐具使用礼仪要求：吃西餐时必须注意餐桌上餐具的排列和放置位置，不可随意乱取乱拿。交谈时，可以拿着刀叉，但不能执刀叉在空中挥舞摇晃。在本案例中，小王因对西餐文化和礼仪了解较少，在用餐过程中没有遵循西餐餐具使用要求，从而闹出了笑话。

随着我国旅游业的迅猛发展，对外交往越来越频繁，这就要求旅游从业人员必须掌握西餐的进餐礼仪和餐具使用礼仪等知识。

一、西餐宴会席位排列

西餐宴会开始前的准备工作之一就是要安排席位。在不同情况下，西餐宴会席位排列有一定的差异，一般可以分为桌次排列和位次排列两种。

1. 桌次排列

西餐宴会的餐桌布局主要有"一"字形长台、"U"形台、"口"形台、"E"形台等。最常见、最正规的西餐桌当属长桌。长桌排位一般有两种方式：一是男、女主人在长桌中央对面而坐，餐桌两端可以坐人，也可以不坐人；二是男、女主人分别就座于长桌两端。若用餐人数较多，可以用多张长桌拼成其他图案，以便安排大家一道用餐。

安排多桌宴会的桌次时，国际上习惯是以离主桌位置远近而定桌次的高低，距离主桌越近，桌次越高；距离主桌越远，桌次越低。这项规则也称"主桌定位"。以主桌位置为基准，与主桌距离相等的两张桌子，右高左低。两桌横排时，右高左低；两桌竖排时，远门为上。在安排桌次时，所用餐桌大小、形状应大体相仿。多桌宴会桌次安排如图6－3－1所示。

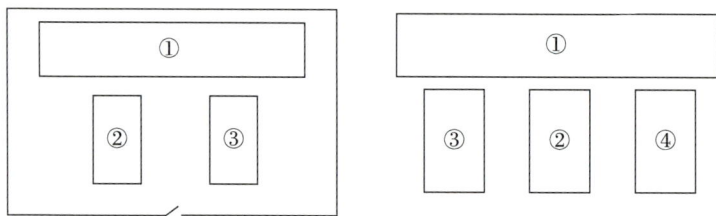

图6－3－1 多桌宴会桌次安排

2. 位次排列

（1）女士优先。在西餐礼仪里，往往体现女士优先的原则。在排定用餐位次时，一般女主人为第一主位，在主位就位，而男主人退居第二主位。

（2）面门为上。面门为上即面对餐厅正门的位子一般要高于背对餐厅正门的位子，也叫迎门为上。

（3）距离定位。西餐桌上位次的尊卑根据其距离主位的远近而定。在一般情况下，距主位近的位子高于距主位远的位子。

（4）以右为尊。在排定位次时，以右为尊是基本原则。就某一特定位置而言，其右位高于其左位。

（5）恭敬主宾。在西餐宴会中，主宾极受尊重。即使用餐的来宾中有人在地位、身份、年纪方面高于主宾，但主宾仍是主人关注的中心。因此在排定位次时，应请男、女主宾分别紧挨着女主人和男主人就座，以便进一步受到照顾。

（6）交叉排列。正式的西餐宴会一向被视为交际场合，在排列位次时，要遵守交叉排列的原则，男女交叉排列，生人与熟人交叉排列。因此，一个用餐者的对面和两侧，往往是异性，还有可能与其不认识或者不熟悉，这样坐可以广交朋友。不过，这也要求用餐者最好是双数，并且男女人数各半。

位次排列如图6—3—2所示。

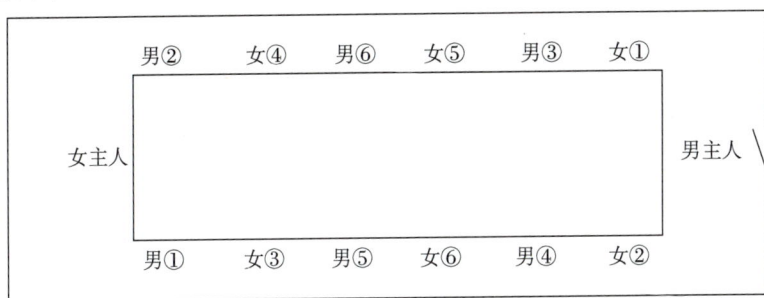

（a）位次排列一

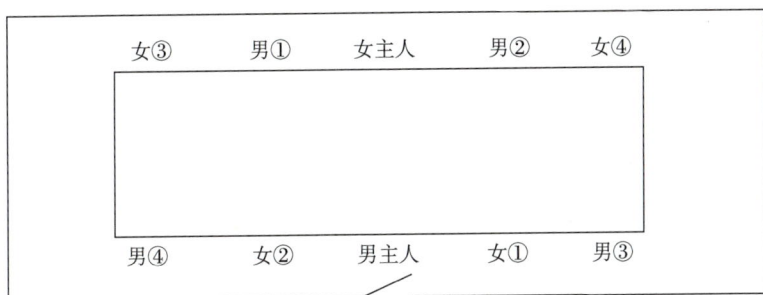

（b）位次排列二

图6—3—2 位次排列

二、西餐宴会上菜顺序

西餐宴会上菜服务方式有法式、俄式、英式、美式、意式等，各种服务方式既有相同的地方，根据不同的礼仪习俗也有所不同。通常一些饭店会将几种服务方式混合使用。常见的西餐宴会上菜顺序如下。

1. 头盘

头盘也被称为开胃品，一般有冷头盘和热头盘之分，常见的品种有鱼子酱、鹅肝酱、熏鲑鱼、奶油鸡酥盒、焗蜗牛等。

2. 汤

西餐宴会上的汤大致可分为清汤、奶油汤、蔬菜汤和冷汤等。品种有牛尾清汤、各式奶油汤、海鲜汤、美式蛤蜊汤、意式蔬菜汤、俄式罗宋汤、法式葱头汤等。

3. 副菜

通常鱼虾海鲜等水产类菜肴、蛋类菜肴、酥盒菜肴均为副菜。因为鱼类等菜肴的肉质鲜嫩，比较容易消化，所以放在肉类菜肴的前面。西餐吃鱼类菜肴讲究使用专用的调味汁，品种有鞑靼汁、荷兰汁、酒店汁、白奶油汁、大主教汁、美国汁和水手鱼汁等。

4. 主菜

西餐宴会上的主菜多为肉、禽类菜肴，其中最有代表性的是牛肉或牛排。肉类菜肴配用的调味汁主要有西班牙汁、浓烧汁、蘑菇汁等。禽类菜肴最多的是鸡，有山鸡、火鸡等，可煮、可炸、可烤，主要的调味汁有咖喱汁、奶油汁等。

5. 蔬菜类菜肴

蔬菜类菜肴通常为配菜，可以安排在肉类菜肴之后，也可以与肉类菜肴同时上桌，蔬菜类菜肴在西餐中被称为沙拉。与主菜搭配的沙拉被称为生蔬菜沙拉，一般用生菜、番茄、黄瓜、芦笋等制作。

6. 甜品

西餐的甜品是在主菜后食用的，从真正意义上讲，它包括所有主菜后的食物，如点心、冰激凌、奶酪、水果等。

7. 饮品

咖啡一般要加糖和淡奶油，茶一般要加香桃片和糖。

三、西餐餐具使用礼仪

西餐餐具包括刀、叉、匙、盘、杯、餐巾等，刀分为食用刀、鱼刀、肉刀、黄油刀和水果刀，叉分为食用叉、鱼叉、肉叉和虾叉，匙有汤匙、甜食匙、茶匙。公用刀、叉、匙的规格明显大于餐用刀叉。

1. 西餐餐具的摆法

西餐宴会摆台先摆展示盘，展示盘摆在餐位的正前方，盘上放折叠整齐的餐巾或餐纸。两侧的刀、叉、匙排成整齐的平行线。所有的餐刀放在展示盘的右侧，刀刃朝向展示盘。汤匙类放在鱼刀右边，匙心朝上。餐叉放在展示盘的左边，叉齿朝上。面包盘放在客人的左手边，上置黄油刀。各类酒杯和水杯放在右前方。甜食匙、叉横放在展示盘前方。西餐宴会餐具摆台如图6-3-3所示。

2. 西餐餐具的用法

（1）刀叉持法。持刀时，应将刀柄的尾端置于手掌之中，以拇指抵住刀柄的一侧，食指按在刀柄上，其余三指顺势弯曲，握住刀柄。持叉应尽可能持住叉柄的末端，叉柄倚在中指上，中间以无名指和小指为支撑。刀叉持法如图6-3-4所示。要左手持叉，右手持刀；切东西时左手拿叉按住食物，右手执刀将其切成小块，用叉子送入口中。

（2）刀叉用法。使用刀叉进餐时，从外侧往内侧取用刀叉，右手持刀，左手持叉，先用叉子把食物按住，用刀切成小块，再用叉送入嘴内。使用刀时，刀刃不可向外。

（3）匙的用法。持匙用右手，持法同持叉，但手指务必持在匙柄之端。汤匙只可用于喝汤，不可取食其他食物。

（4）餐巾用法　餐巾在用餐前就可以打开。大餐巾往内折三分之一，让三分之二平铺在腿上，盖住膝盖以上的双腿部分，小餐巾可伸开直接铺在腿上。擦嘴时须用餐巾的上端，并用其内侧擦嘴。不可用餐巾擦脸部或擦刀叉和碗碟。离开席位时，即使是暂时离开，也应该取下餐巾叠成方块或三角形放在盘侧或桌角，最好放在自己的座位上。

图6-3-3　西餐宴会餐具摆台

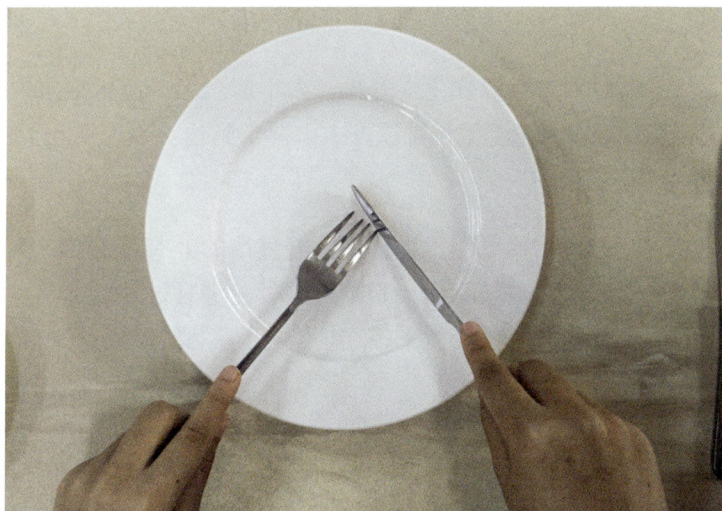

图6-3-4　刀叉持法

微课　西餐餐具使用礼仪

3. 西餐餐具使用的礼仪

（1）西餐餐具的基本使用原则是：从外侧向内侧取用。

（2）吃西餐必须注意餐桌上餐具的排列和放置位置，不可随意乱取乱拿。

（3）使用刀叉时，尽量不使其碰撞，以免发出大的声音。

（4）进餐时，若暂时停顿应将刀叉呈"八"字形左右分架或交叉摆在餐碟上，刀刃向内，意思是告诉服务员，"我还没吃完，请不要把餐具拿走"，如图6－3－5（a）所示。

（5）每吃完一道菜，将刀叉合拢并排置于碟中，表示此道菜已用完，服务员便会主动上前撤去这套餐具，如图6－3－5（b）所示。

（6）交谈时，可以拿着刀叉，但不能执刀叉在空中挥舞摇晃。

（a）我在休息 （b）我已吃完

图6－3－5 刀叉的摆放

四、西餐宴会礼仪规范

1. 准时赴约

接到宴会邀请，能否出席应尽早答复对方，以便主人安排。若不能出席，应尽早向主人解释并致歉意。按照我国习惯，赴宴一般提前三至五分钟或按主人要求到达。

2. 着装得体

赴宴时，应仪表整洁、穿戴大方。去高档的餐厅，男士要穿着整洁的上衣和皮鞋；女士要穿套装和有跟的鞋子。如果指定穿正式服装的话，男士必须打领带，进餐过程中不要解开纽扣或当众脱衣。若主人请客人宽衣，男士可将外衣脱下搭在椅背上，不要将外衣或随身携带的物品放在餐桌上。

3. 举止高雅

（1）入座方式为从椅子左侧入座。当椅子被拉开后，身体在几乎要碰到桌子的距离处站直，领位者会把椅子推进来，腿弯碰到后面的椅子时就可以坐下来。

（2）就座时，身体要端正，手肘不要放在桌面上，不可跷足。用餐时，上臂和背部要靠到椅背，腹部和桌子保持约一个拳头的距离，避免两脚交叉的坐姿。

（3）喝汤时，不要端起汤盘（碗）来喝，应用汤匙由后往前将汤舀起，汤匙的底部放在下唇的位置将汤送入口中。汤将喝完时，左手可靠胸前轻轻将汤盘（碗）内侧抬起，用汤匙舀净即可。吃完汤菜后，将汤匙留在汤盘（碗）中，匙把指向自己。

（4）吃面包时，不要拿着整块面包去咬，可掰成小块送入口中，抹黄油和果酱时也要先将面包掰成小块再抹。

（5）吃面条时，要用叉子先将面条卷起，再送入口中。

（6）吃比萨饼或其他饼类时，用刀在盘内切出一块正好适合一口吃掉的大小，用叉子叉住送入口中。

（7）吃鱼时，不要将鱼翻身，吃完上层后用刀叉将鱼骨剔掉后再吃下层肉，要切一块吃一块，块不能切得过大或一次将肉都切块。

（8）吃鸡腿时，应先用力将骨去掉，不要用手拿着吃。

（9）吃鱼、肉等带刺或骨的菜肴时，不要直接外吐刺、骨，可用餐巾捂嘴轻轻吐在叉上，随后放入盘内。

（10）喝咖啡时，如果添加牛奶或糖，添加后要用小勺搅拌均匀，将小勺放在咖啡的垫碟上。喝时应右手拿杯把，左手端垫碟，直接用嘴喝，不要用小勺一勺一勺地舀着喝。

（11）吃水果时，不要拿着水果整个去咬，应先用水果刀将其切成四或六瓣再用刀去掉皮、核，用叉子叉着吃。

情景体验

体验一：说一说——西餐餐具用法和使用礼仪

小王是一家外企公司的职员，应邀参加一场西餐宴会，小王对西餐餐具用法和使用礼仪不是很熟悉，你能帮助小王吗？请你将西餐餐具的用法和使用礼仪填写在下方。

_____

_____

_____。

体验二：情景模拟——策划大型鸡尾酒会

某公司为庆祝周年庆要举办一场大型鸡尾酒会，请同学们根据西餐宴会礼仪内容以小组合作方式设计情景，并进行模拟演练，其他小组观看并找出不规范之处。

角色：王先生、合作伙伴、服务员。

场景布置：按照西餐厅布置。

情景设计要求：

（1）根据西餐宴会礼仪内容设计情景。

（2）情景内容设计至少要有五处不规范的礼仪行为。

思考练习

① 简述西餐宴会上菜顺序。

② 西餐宴会礼仪规范有哪些？

任务6-4 自助餐礼仪

> **任务案例**

　　环球旅行社的小周由于工作出色，社里安排她带领一批重要客户前往欧洲旅游。到目的地后，酒店的第一顿饭是十分丰盛的自助餐。令小周开心的是，她在餐桌上排队取菜时，竟然见到自己平日最爱吃的北极甜虾。于是，她毫不客气地替自己满满地盛上了一大盘，当她端着盛满了北极甜虾的盘子从餐台边上离去时，团里的客人表现出了鄙视的眼光，还有人将此事反映给了旅行社的领导。

　　（资料来源：刘伟.旅游职业礼仪与交往［M］. 2版.北京：旅游教育出版社，2022.）

　　讨论分析：

　　小周的行为为什么会遭到客人的鄙视？

　　参考答案：

　　小周的所作所为是有违自助餐礼仪的。在享用自助餐时，应遵循多次少取的原则，用餐者在自助餐上选取某一种类的菜肴，可以再三再四地反复去取。但第一次应当只取一点，待品尝之后，觉得适合自己的话，那么还可以再次去取，直至感到吃好了为止。如果一次取用过量，装得太多，是失礼之举。

　　自助餐的英文为buffet，是目前国际上通行的一种非正式的西式宴会，原意是冷餐会、酒会。自助餐礼仪泛指人们安排或享用自助餐时所需要遵守的基本礼仪规范。具体来讲，自助餐礼仪又分为安排自助餐的礼仪与享用自助餐的礼仪两个部分。

　　据考证，自助餐起源于8~11世纪北欧的斯堪的纳维亚半岛，那时的海盗们每当有所收获时，就要大宴群盗，以示庆贺。但海盗们不熟悉也不习惯当时西餐的繁文缛节，于是便发明了这种自己到餐台上自选、自取食品及饮料的吃法。这是当时海盗最先采用的一种进餐方式，至今世界各地仍有许多自助餐厅以"海盗"命名。后来西餐从业者将其规范化、文明化，并丰富了餐食的内容，就成了今日的自助餐。

一、安排自助餐的礼仪

　　安排自助餐的礼仪指的是自助餐的主办者在筹办自助餐时的规范性做法，通常包括备餐时间、就餐地点、准备食物、招待客人四个方面。

1. 备餐时间

　　一般来讲，主办单位若准备以自助餐形式招待客人，最好事先以适当的方式通知。按照惯例，自助餐大多被安排在各种正式的商务活动之后。自助餐的用餐时间没有固定限制，只要主人宣布用餐开始，客人就可以就餐。

2. 就餐地点

　　自助餐的就餐地点大多为大型餐厅、露天花园等。自助餐的就餐地点既要能容纳下全部客人，又要能提供足够的交际空间，除摆放菜肴的区域外，要有明显的用餐区域。在就餐地点应当预先摆放好一定数量的桌椅，供客人使用。在选定就餐地点时不只要考虑面积、费用问题，还要兼顾安全、卫生、温湿度等诸多问题。自助餐就餐地点如图6—4—1所示。

图6—4—1 自助餐就餐地点

3. 准备食物

自助餐根据不同的标准和档次，在食物品种上有所侧重，或以冷菜为主，或以甜品为主，或以茶点为主，或以酒水为主，等等，还可酌情安排一些时令菜肴或特色菜肴。自助餐为客人提供的食物通常以冷食为主，食物的品种应尽可能丰富，同一类型的食物应集中在一处摆放。在准备食物时，注意食物的卫生，以及热菜、热饮的保温问题，同时一定要注意保证供应。自助餐食物如图6—4—2所示。

图6—4—2 自助餐食物

4. 招待客人

主人在自助餐上对主宾所提供的照顾，主要表现在陪同其就餐、与其进行适当的交谈、为其引见其他客人等。不论在任何情况下，主宾都是主人照顾的重点，在自助餐上也不例外。但要注意给主宾留下一些自由活动的时间，不要始终伴随其左右。在自助餐进行期间，主人一定要尽可能为彼此互不相识的客人多创造一些相识的机会，并且积极为其牵线搭桥，充当引荐者。小型的自助餐，主人往往可以身兼两职，既是主人又充当服务者。

二、享用自助餐的礼仪

享用自助餐的礼仪主要是指在以客人的身份参加自助餐时，所需要遵循的基本礼仪规范。知晓一些享用自助餐的礼仪很有必要，通常主要包含以下内容。

1. 排队就餐

在享用自助餐时，取餐要按照餐厅设定的方向顺向排队，不可逆向行进、乱挤、乱抢，更不可插队。在取餐之前，要准备好一只食盘，轮到自己取餐时，应用公用的餐具将食物装入自己的食盘之内，然后迅速离去。切勿在众多的食物面前犹豫再三，让身后之人久等，更不应该在取菜时挑挑拣拣，甚至直接用手或用自己的餐具取菜。

2. 循序取菜

享用自助餐前，要了解自助餐的取菜常识。取菜的先后顺序应当是：冷菜、汤、热菜、点心、甜品和水果。因此在取菜前，最好先在全场转上一圈，了解一下情况，再进行去取菜。

图6-4-3　量力而行

3. 量力而行

自助餐大受欢迎的特点是不限数量、保证供应。社交场合中的自助餐在很大程度上具有商务活动功能，吃东西往往处于次要地位，与其他客人进行交往才是首要的事情，因此要遵循基本的用餐礼仪，在享用自助餐时选取适量的食物，量力而行，如图6-4-3所示。

4. 多次少取

享用自助餐时要遵循多次少取的原则，"多次"即"多次取菜"，"少取"即"每次少取"。选取某菜肴时，多次取菜是被允许的，但为了省事而一次取用过量、装得太多则是失礼之举。每次取菜最好只选取一种，吃完后再去取用其他的品种，不要将多种菜肴盛在一起。

5. 不可外带

所有的自助餐，无论是由东道主主办的招待宾客的自助餐，还是对外营业的正式餐馆里的自助餐，都只允许客人在用餐现场自行享用，绝对不许在用餐完毕之后携带回家。

6. 送回餐具

自助餐大多要求客人在用餐完毕之后、离开用餐现场之前，自行将餐具整理到一起，然后将其送回指定的位置，有时可以在离去时将餐具稍加整理留在餐桌上，由侍应生负责收拾。

7. 注重社交

对于宴会来说，吃东西往往属于次要之事，而与其他人进行适当的交际活动才是最重要的任务。在参加自助餐时，一定要主动寻找机会，积极地进行交际活动。首先，应当找机会与主人攀谈一番；其次，应当与老朋友好好叙一叙；最后，应当争取多结识几位新朋友。

情景体验

体验一：策划方案——自助餐筹备

某公司将在酒店宴会厅举行客户答谢会，预计150人，请你根据安排自助餐的礼仪做一个策划方案。

_____

_____

_____。

体验二：情景模拟——自助餐厅布置

李先生是一名外企工作人员，要参加公司的年终答谢酒会，请同学们根据享用自助餐的礼仪以小组合作方式设计情景，并进行模拟演练，其他小组观看并找出不规范之处。

角色：李先生、同事、服务员。

场景布置：按照自助餐厅布置。

情景设计要求：

（1）根据享用自助餐的礼仪的内容设计情景；

（2）情景内容设计至少要有五处不规范的礼仪行为。

思考练习

① 自助餐的定义是什么。

② 安排自助餐的礼仪有哪些？

③ 享用自助餐的礼仪有哪些？

模块七 求职礼仪

▶模块介绍

　　每位求职者都希望在面试时给主考官一个好的印象，从而增大被录取的可能性，求职时不仅是外在形象的比拼，还是多方面综合素质的展现。求职者在求职前了解面试的礼仪和掌握面试的技巧，是迈向成功的第一步。

▶学习目标

　　① 了解求职者在求职前如何制作求职简历。

　　② 了解面试时心理调整的技巧，做好充分地心理准备。

　　③ 掌握面试时自我介绍的技巧及应对考官提问的策略。

　　④ 正确运用求职的礼仪和面试的技巧，提高求职的成功率。

▶礼仪警句

　　推销自己是一种才华，更是一种艺术。有了这种才能，你就可以安身立命，使自己立于不败之地。一旦你学会了推销自己，你就几乎能够推销出任何有价值的东西。

——戴尔·卡耐基

▶礼仪观点

　　孔子曾云："一日克己复礼，天下归仁焉。为仁由己，而由人乎哉！"礼仪的遵守与执行需要我们每个人都为此奉献出属于自己的礼仪精神，生活无处不礼仪，只有从一点一滴做起，才能让我们在职场上展现出更加绚丽的光彩。

　　观点：求职礼仪看似简单，但是往往人们重答题而轻礼仪，重结果而轻细节，因而难以全面展现个人的岗位适应性。因此在面试过程中要表现出较高的文化素质和气质修养，形象气质可以从面试人的外表、谈吐体现，做好这些细节能给面试官留下一个良好的印象。

任务7-1　面试前的准备礼仪

▶ **任务案例**

　　小李出生在一个普通的家庭，父母都是普通职工。小李从小就立志当一名公务员。因此在大学毕业前，小李参加了国家公务员考试并顺利脱颖而出，进入了面试。在认真准备面试期间，小李听了不少流言蜚语，说面试基本靠的是"潜规则"，这让小李很苦恼，同时在心里埋怨父母帮不上什么忙。到了面试的那一天，小李忐忑不安地走进了考场。因为他之前准备得较充分，所以很顺利地答完了几个问题，面试老师也都面露赞许之色。

　　正当小李暗自庆幸准备离开时，主考官突然表情严肃地对他说道："我们还要问你一个问题，这次不少人在面试前去找考官，听说你也去了，请解释一下。"小李一听题就十分气愤，于是不顾一切地争论起来了："不可能！我对天发誓绝对没有找过！"几个考官都抬头诧异地看着小李。他也意识到自己失态了，道歉后急匆匆地出去了。后来，小李问一起考试的考生，才知道原来最后一个问题只是一道普通的压力题，所有人都被考过。结果，本次小李没能通过面试。

　　讨论分析：

　　① 小李为什么没通过面试？

　　② 如果你是小李，应该如何应对考官的问题？

一、求职简历的准备

　　一份好的求职简历是求职者敲开企业大门的敲门砖，简历的好坏，直接决定了企业是否予以面试。求职者在准备简历时，应注意以下几个方面的问题。

　　（1）求职简历封面应有设计感。求职简历封面的内容应简单明了，凸显个人特色，如图7-1-1所示。

　　（2）书写规范。求职简历应字迹清晰、内容正确、格式标准，最好使用打印稿，尽量避免出现错别字或者语病。

　　（3）突出重点。求职简历的制作要结合企业及应聘岗位的需求和自身实际情况，既突出自己的特点和专长，又投企业之所好。例如，应聘技术型企业可以突出自己的社会实践经历或技术专长，应聘大型企业可以突出自己的综合素质或者自己某一方面的兴趣特长，如篮球、书法、舞蹈等。

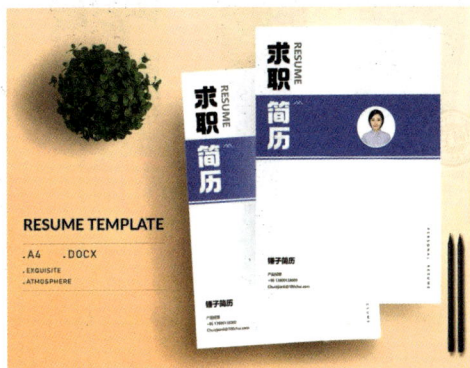

图7-1-1　求职简历封面

（4）言简意赅。求职简历的制作切勿长篇大论，华而不实，应力求简洁明了，字数控制在500字左右，页数在两页之内。

（5）真实可信。求职简历应实事求是，既不过分谦虚，也不随意夸大，若有掺假，即使得到了面试机会，也总会露出马脚，只有客观、实事求是地自我推荐，才能得到用人单位的信任。

> ▶**案例点拨**◀
>
> 　　小李毕业后很久没找到工作，朋友给他介绍了一份工作，前提是必须马上发一份个人求职简历。小李仓促中迅速按照要求写了一封发过去，却没仔细检查求职简历中可能存在的问题，后因该求职简历中存在多个错别字，小明未获得这份工作。
>
> 　　**点拨分析**：求职者应提前准备一份个人简历及相关求职信。小明在求职简历中屡次出现"狒狒扬扬""不甚感激"这样低级的错误，如何能让面试的人员相信您是"时刻以高素质的人才要求来锻炼自己"（求职信原话）的？

二、服饰仪容的准备

求职者的形象给面试官的第一印象如何，直接关系到求职的成败。作为求职者，走出校门，踏入社会就意味着角色身份的转换，踏入职场就应当遵守职业人士的仪容仪表规范。

女士面试穿搭应美观、得体，如图7—1—2所示。

男士面试穿搭应整洁、大方，如图7—1—3所示。

图7—1—2　女士面试穿搭　　　　图7—1—3　男士面试穿搭

　　参加面试时的服饰应匹配求职者的身份。面试时，合乎自身形象的着装会给人以干净利落、有专业精神的印象。女士应显得端庄俏丽，男士应显得干练大方。

　　具体服饰仪容礼仪详见本书模块二中的任务2—1和2—2。

▶案例点拨

　　小丽心仪已久的企业终于通知她面试了。对方要求穿正装，而小丽因为嫌自己腿粗一直没买到一套合适的正装，就穿了件西装外套，内搭白色针织衫，下面搭配牛仔裤和运动鞋。小丽看着镜子里的自己显得活力十足，别有一番大学生的朝气色彩，心里暗暗称赞自己聪明。面试结束前小丽一直在桌子后坐着，双方聊得很愉快，小丽对这次面试充满信心，对方说这周会通知二次面试的时间。结束后对方送小丽出门时，本来笑着的脸一下没了表情。第二天小丽便接到了表示不用再次面试的电话，小丽非常困惑，为什么会这样？

　　（资料来源：魏全斌.民航服务语言表达艺术技巧［M］.北京：中国民航出版社，2016.）

　　点拨分析：西服从西方传入中国，历史悠久，大多做工考究，面试使用的西服尤其重视质地，是给对方第一印象的重要方面。根据市场调查统计，面试所穿西服平均价格为1000元左右，加上同样高档的皮带、领带，可谓一笔不小的投资。作为学生，可穿标准职业装，但需要整个配套好。西服面试穿搭如图7—1—4所示

图7—1—4　西服面试穿搭

三、求职者对用人单位认知的准备

　　在正式面试之前，求职者必须对用人单位的企业背景、企业文化，以及应聘岗位的职责和要求等有所了解，所谓知己知彼，百战百胜；还要对面试的问题有所研究。在面试时，面试官通常会向求职者提出大堆的问题，如果不做好充分的准备，想要应对自如必须有很强的随机应变能力，对于刚刚毕业的学生来说要做这点还不太容易，只有事先对面试中可能提出的问题有所准备，才能胸有成竹、对答如流。求职者了解的内容具体包括以下几个方面。

（1）该公司的企业文化、历史及背景。

（2）该公司的产品及服务范围。

（3）该公司的行业特征及主要竞争对手。

（4）该公司的组织结构和部门设置。

（5）该公司是否有培训、提升的机会。

（6）该公司的薪水大致状况。

（7）该公司招聘的主要职位及相关的要求。

四、面试前的心理准备

（1）明确目标。求职者在面对跨出校门走向社会这样重大的人生转折时，首先应思考自己的事业究竟应该往哪个方向发展，明确自己的奋斗目标，只有这样才能端正求职心态，不至于感到茫然。

（2）自我定位。在决定是否应聘前，求职者要进行自我定位，在客观把握自身条件的前提下，依据一定的标准，找出最适合自己的职业和职位。

（3）克服恐惧心理，树立自信。一旦明确自己的职业目标，就要想办法努力克服恐惧。方法有三：一是自我暗示，告诉自己"我能行，我是最棒的！"给自己信心和勇气；二是相信"天生我材必有用"，肯定自己拥有的长处；三是要充满信念，拥有必胜的决心，只有这样才能有自信的表现。

（4）不轻言放弃。初涉社会的求职者，容易把自己估计得过高，而一旦马失前蹄，就很容易产生失落感，从此一蹶不振。正确的做法是痛定思痛，分析原因，找出自己的不足，才能"山重水复疑无路，柳暗花明又一村"。

情景体验

体验一：根据自己的专业情况及应聘岗位制作一份求职简历。

求职简历

体验二：面试前的准备训练

面试前的准备训练的目标与步骤见表7—1—1所列。

表7-1-1 面试前的准备训练的目标与步骤

内容	面试前的准备训练	地点	实训室
目标	(1) 了解面试前需要做的资金积累有哪些 (2) 提高求职简历的编写能力		
步骤	(1) 学生自由组合，3~4人为一组，收集面试公司的企业背景、文化等 (2) 参考任务案例中的求职经历，做好求职心理准备，面对压力随机应变 (3) 针对问题，进行讨论 (4) 组内互评 (5) 教师总结		

思考练习

① 面试前需要做哪些准备工作？

② 如何根据企业及应聘岗位的需求结合自身实际情况制作求职简历？

任务7-2 面试时的技巧及应对策略

任务案例

张小姐和杨小姐都是刚毕业的学生，学的都是英语专业。学习成绩都很突出，二人同时应聘一家独资公司的高级秘书职位，人事经理看了简历以后，难以取舍。于是通知两人面试，考官让她们分别做一个自我介绍。张小姐说："我今年22岁，刚从大学毕业，所学专业是英语，我是浙江人，父母均是高级工程师。我爱好音乐和旅游。我性格开朗，做事一丝不苟。很希望到贵公司工作。"杨小姐介绍说："关于我的情况简历上都介绍得比较仔细了，在这儿我强调两点。其一，我的英语口语不错，曾利用假期在旅行社做过导游，带过欧美团；再者，我的文笔较好，曾在报刊上发表过六篇文章。如果您有兴趣可以过目。"事后，人事经理录用了杨小姐。

（资料来源：根据相关网络资料整理而得）

讨论分析：

① 如果你是人事经理，你会录用谁？为什么？

② 如果是你来做自我介绍，应该包括哪些内容？又应该注意些什么呢？

参考答案：

① 如果我是人事经理，我也会录用杨小姐，因为在同样是英语专业毕业的情况下，杨小姐做导游期间有带过欧美团的实习经验，并且文笔较好更利于今后工作的开展。

② 如果由我来做自我介绍，内容应该包括姓名、身份、专业、特长、工作经验等。

注意介绍内容应详略得当，重点突出自己的专业优势，工作经验可以详细展开来讲，用人单位一般喜欢有工作经验的求职者，他们更容易上手工作。

一、面试时自我介绍的技巧

自我介绍是推销自我的一种重要方法和手段，是自己给人留下的第一印象。自我介绍对于求职者来说尤为重要，通过自我介绍，面试官可能会对你有个整体的评价，如果你自我介绍时就让面试官对你有好感，那么只要没有太大的问题，一般就可以通过面试。反之，就可能增加你通过的难度。

1. 自我介绍内容

（1）姓名和身份。虽然面试官可以从你的简历中了解这些情况，但仍请你主动提及。这是礼貌的需要，也可以加深面试官对你的印象。

（2）专业情况。简要介绍所学专业达到的相应水平，对应应聘岗位要求，应特别提供与应聘岗位相关的信息，介绍要简明扼要，还要注意这部分内容要与简历上的有关内容一致，不要有出入。

（3）特长。应介绍自己适合应聘岗位的特长、能力和才干，如"我认为我在推销方面的能力较强，也有相关工作经验和良好的业绩，我非常符合贵公司的岗位要求"。这样可以提醒面试官注意你这方面的优势。

（4）工作经验。由前面的介绍自然过渡到一两个自己圆满完成的事件，以这一两个事件来形象地、明确地说明自己的工作经验，可以说在学校担任学生干部时成功组织的活动，以及投入社会实践中利用自己的专长为社会公众服务的事件，或者自己在专业上取得的重要成绩，等等。

（5）表达愿望。在即将结束自我介绍时，要适时不卑不亢地表达自己的愿望，希望面试考官能够聘用自己。

▶ **案例点拨**

旅游专业的同学面试时该怎么自我介绍呢？下面整理了旅游专业面试自我介绍的两个案例，供同学们借鉴参考。

案例1：

各位领导好！

我叫××，是××学校××专业的学生，我是一个乐观开朗、充满活力的人，我觉得自己比较适合导游这类工作。在四年的大学生活中，我学会了很多，把自己锻炼成了一个全方位发展的人。我相信在未来的日子里，我可以变得更好。在校期间，经过自己的努力，我取得了普通话证书、初级计算机证书、餐厅服务员证书等。在假期时，为提高自身的工作能力，我曾到绍兴各个景点做讲解员，期间不仅锻炼了自己的口才、工作能力，还增加了我的社会经历。实习期间在××担任讲解员一职，工作期间负责馆内海狮表演、人鱼表演及海洋生物的讲解，讲解中能做到口齿清楚、普通话标准、思路清晰。在这期间，我养成了良好的职业素质与素养，处事有责任心、有耐心，并具有较强的沟通能力、客户服务能力。四年学校的学习生活和社会经历，使我拥有了自信的性格和踏实严谨的工作作风。然而所学知识是有限的，因此我将在今后工作中虚心学习，不断钻研，积累工作经验，提高工作能力。我希望贵公司能够给我一次机会，我会好好把握的。

点拨分析：自我介绍的内容应该包括姓名、身份、专业、特长、工作经验等，可适当增加获得奖项和获得相关专业证书等相关情况的介绍。这样可以提高用人单位对你专业能力认可的程度，使你在众多求职者中脱颖而出，增加获得工作机会的概率。

案例2：

各位领导好！

我叫××，所学专业是旅游管理。我是一个性格开朗、充满自信的阳光女孩。开朗的性格使我充满活力，善于与人交往；从容自信使我勇于挑战自我去尝试学习新的事物。在大学期间我不断地完善自己，提高自身素质，在学好专业课和公共课的基础上，我博览群书，为自己打下了坚实的专业基础。我阅读了大量课外书籍，不断增加新知识，陶冶情操，开阔视野。不仅如此，我还经常参加学校举办的英语角活动，锻炼英语口语能力，也结交了许多外国朋友。大学实习时在旅行社做过导游，曾经带过外国旅游团队。我的英语水平比较突出，在大学二年级通过了国家英语四级考试，有着出色的阅读写作能力和口语水平。在校期间，我曾多次参加全国大学生英语竞赛并取得较好的成绩。在大学期间，我积极参加各种活动，曾在社团中担任各种职务。我热爱团队活动，有很强的团队合作意识，在校期间还曾担任本专业足球队的队长，具有很强的组织和协调能力。很强的事业心和责任感使我能够面对任何困难和挑战。

我性格开朗、大方，有较强的沟通组织能力和实际动手能力，善于人际交往；掌握了良好的礼仪知识和接待工作经验，头脑灵活、反应敏捷，能够灵活处理工作中的突发事件。如果我获得这次工作机会，那么我会努力做好它，希望贵公司能够给我一次机会。

点拨分析：自我介绍的内容应该包括姓名、身份、专业、特长、工作经验等。充分突出自身的专业优势，如英语口语能力、组织协调能力、公关能力等，可以提醒面试官注意你这方面的优势。

2. 自我介绍注意事项

（1）注意要详略得当、简明扼要。时长以1分钟左右为佳，不要太短，也不要过长。

（2）自信是自我介绍的基调。自我介绍时应该用肯定的言辞、明朗的语调。这是精神饱满、充满自信、对自我有充分认识的表现。肯定自我的成绩和优势并不是夸耀，否定自己的优点是谦虚。

（3）要展示个性，使个人形象鲜明，可以适当引用别人的言论（如老师、朋友等的评论）来支持自己的描述。

（4）不可夸张，要实事求是，以事实说话。

二、面试时回答问题的策略

1. 冷静沉着，随机应变

在压力面试中，一般主考官有意在面试过程中逐步向应试者施加压力，以考查其能否适应工作中的压力。有的主考官提出特别尖锐的问题或者是提出有意让求职者是否具有感到左右为难的问题，由此考验求职者应变能力、反应是否得体、胸襟是否开阔等。有的主考官故意提出一些令人气愤而又没有道理的问题，考验应试者是否立场坚定、有主见。因此在这种面试中，求职者应事先有心理准备，切勿表现出不满、质疑、愤怒，要保持冷静，不要胡乱推测主考官的不良目的，应表现出理智、宽容和大度，保持风度和礼貌，明确与主考官讨论问题的核心。

2. 确认提问的内容，切忌答非所问

在面试中，主考官提出的问题过大，以至于不知从何答起，或对问题的意思不明白，是常有的事。但是，"想当然"地回答对方所提出的问题，可能被视为无知，甚至是傲慢无礼。对于不太明确的问题，一定要采取恰当的方式问清楚，并请求主考官给予更加具体的提示。对于主考官来说，与其听你"答非所问"地叙述，不如等你把问题充分理解后再进行对话。此外，每当听到主考官所提问题之后，要尽可能全面细致地考虑问题，同时注意不要自相矛盾。

3. 正确判断主考官的意图，对症下药

要注意识破主考官的声东击西策略，当主考官察觉到你不太愿意回答问题，而又想对你有所了解时，可能采取声东击西策略。对于政治问题和其他一些敏感性的问题，许多人不愿意真实表达自己的观点。主考官为了打消你的顾虑，可能会这样问你，周围的人对这个问题有些什么看法？面对这种情况，你不要疏忽大意、信口开河，不要以为说的不是自己的意见就不会暴露自己的观点。因为主考官往往认为你所说的大部分就是自己的观点，要分析判断主考官的提问是想评测你哪个方面的素质和能力，有针对性地进行回答。

4. 知之为知之，不知为不知

在面试中，经常会遇到一些自己不熟悉、曾经熟悉但是现在忘了或者根本不懂的问题。面对这种情况，首先要保持镇静，不要表现出手足无措、抓耳挠腮、面红耳赤。每个人都不是全才，主考官也不会要求求职者无所不知、无所不能。因此，求职者不必为自己的无知而烦恼，更不必觉得无地自容。不要不懂装懂、牵强附会，与其答得驴唇不对马嘴，还不如坦白自己，也不能回避问题，默不作声。没有把握的问题可以做简略回答或致歉不答，但绝不能置之不理。

三、面试中常见问题的回答技巧

（1）你对我们公司有了解吗？

这是公司想测试你对公司的兴趣及进公司工作的意愿有多强的问题，如果回答"完全不了解"，那就没有必要再说下去了，最好稍稍记住公司简介内容及应聘广告内容，最好的回答就是"因为对该公司的××相当有兴趣所以才来应聘"。

（2）可不可以接受加班？

这是针对"工作热忱"而问的，当然无理的加班不一定就是好的，回答"在自己责任范围内，不能算是加班"较有利。

（3）你的优点是什么？

"你对自己最满意的地方是哪里？"与"请做一段自我介绍"的意义是相同的，不光是说话内容，连礼貌也都会列入评分项目内，最好加入"朋友曾这样说……"等周围的人对自己的看法。

（4）现在最热衷的是什么？

可以简述你的兴趣，以及这个兴趣带给你个性或能力的正面作用。

（5）你的期望薪资是多少？

当被问到期望薪资时，最好能诚实回答，根据年龄、经验及能力等客观条件来决定，对某些企业而言，这也是评价你的能力及经验的参考要素，一般要求比前一工作薪资高出百分之十是合理的。

（6）你为什么来应聘这份工作？（为什么你想到我们公司来工作？）

"我来应聘是因为我相信自己能为公司作出贡献，我在这个领域的经验丰富，而且我的适应能力使我确信我能做好这份工作"。应聘者为了表明应征原因及工作意愿，回答时答案最好是能与应征公司的产品及企业相关的，最好不要回答：因为将来有发展性、因为安定等答案，要表现出有充分研究过企业的样子。

（7）如果我们公司暂时没办法达到你要求的薪资水平？

你要问清楚用人单位目前能提供的薪资水平，在相差不太大的基础上可以接受。

（8）希望工作地点在哪里？

这是有数个分公司及营业场所的公司会问到的问题，可依当事人要求安排工作地点。如果有希望的工作地点，可据实说出来，如：现在虽然希望在**营业场所工作，但也可有"将来还是希望能到总公司服务"之类的要求。有些公司在××有工厂，××是公司的业务联系点。其实不要特别注重在哪工作，首要的是你要得到这个机会。

（9）何时可以到职？

大多数企业会关心就职时间，最好是回答"如果被录用的话，那么到职日可按公司规定上班"。但如果还未辞去上一份工作且上班时间重叠，应进一步说明原因，录用公司应该会通融的。

▶ **案例点拨** ▶

案例1：刚毕业的小王在招聘会连续参加了三场面试，发现大部分单位会问她希望的薪资是多少。刚开始时她说6000元，后来，看见别人所要的薪资并不高，她就把期望的薪资数目减半。由于心里没底，她常常在面试官面前显得被动。

点拨分析：薪资问题是面试中绕不过的问题。如果对薪资要求太低，会侧面贬低自己的能力；如果对薪资要求太高，会显得自己自视过高，公司不予录用。许多毕业生针对该问题避实就虚，不做正面回答，强调自己最感兴趣的是工作的机会。然而这样中性的回答往往不能让面试官满意。职场专家建议，求职者最好多方了解一下相关资料，配合个人的经验、能力等条件得出最基本的薪资底线。

案例2：知名大学的研究生小吴应聘某房地产公司。面试采用无领导小组讨论的形式进行，优秀的论辩能力使小吴在讨论中显露优势，但在即将结束的时候，面试官让他们这组推荐一个人出来，提出一个他们想问的问题。小吴没有想到还有这"面试最后一问"，之前也没有做相关准备，于是，只好拱手把机会让给别人。

点拨分析：在面试中，许多面试官在最后都会问："你还有什么问题吗？"针对这道面试问题，建议求职者提前准备，通过翻阅公司的资料，提出有价值的问题不难。但如果你轻率地说"没有"，那么你将失去一次深入了解公司的机会。

情景体验

体验一：结合自己的专业及面试岗位写一篇自我介绍

自我介绍

体验二：面试技巧的运用训练

面试技巧的运用训练的目标与步骤见表7—2—1所列。

表7-2-1　面试技巧的运用训练的目标和步骤

内容	面试技巧的运用训练	地点	实训室
目标	(1) 了解面试技巧有哪些 (2) 提高问题分析能力、合作能力		
步骤	(1) 学生自由组合，3～4人为一组，每人轮流扮演面试者，其余扮演面试官 (2) 参考任务案例进行 (3) 针对问题，进行讨论 (4) 组内互评 (5) 教师总结		

思考练习

① 面试时自我介绍的内容除姓名、身份、专业外还包括什么？

② 面试时遇到不懂的问题，如何运用策略来回答？

任务7-3　面试结束后的礼仪

▶ 任务案例

　　某公司招聘一名高级管理人才，待遇高，吸引了很多人去应聘。小李是重点大学本科文凭，主动报名求职，通过面试、口试、笔试三关，过关斩将，脱颖而出，被留了下来。一同被留下来的还有另外两人。面试当天，三人在会议室里等了约半个小时，公司老板才出现在他们的面前，公司老板微笑着说："首先祝贺你们连过三关，但是公司临时决定改变方案，根据本公司的实际情况，一个月后才需要用人，但我肯定你们三人中有一个会入职本公司，所以我现在通知你们，迟一个月再来。"老板说完，吩咐秘书留下三人的电话号码扬长而去。

　　等待的日子是漫长的，小李在那一个月里连外出都很少，生怕接不到公司的电话。一个月过去了，小李终于等到了公司的电话，他兴冲冲赶到了公司，但小李只看到一个竞争对手，公司老板说："你俩的确很有才华，但最终都没有通过最后的考试，本公司最怕的就是等待，在现在这个竞争激烈的时代，只有主动出击才能得到机会。"原来那个一直没有亮相的求职者在那一个月的时间里主动到公司上班，熟悉公司情况，最终任职。

　　讨论分析：

① 小李为什么没能求职成功？

② 如果你是小李，你会怎么做？

参考答案：

① 因为小李面试后没有主动出击所以没能求职成功。有时候等待未必是件好事，我们一定要学会分析。作为一名求职者，积极地投身工作才是用人单位所需要的，而不是无谓的等待。

② 参加完面试可以多关注公司，积极主动一点，哪怕去公司无薪实习也比在家浪费时间强。这样，一方面，自己能尽快了解公司和工作岗位；另一方面自己能给公司留下较好的印象。因此者应主动出击做一名有主见、积极主动、受公司欢迎的人。

一、面试结束后的注意事项

许多求职者只留意应聘面试时的礼仪，忽略了面试后的善后工作，而这些步骤亦能加深别人对你的印象。面试结束并不意味着求职过程结束，也不意味着求职者就可以袖手以待聘用通知的到来。

1. 表达感谢

为了加深招聘人员对你的印象，增加求职成功的可能性，在面试后两天内，你最好主动给招聘人员打个电话或写封信表示谢意。感谢电话要简短，最好不要超过5分钟。感谢信要简洁，最好不超过一页。感谢信的开头应提及你的姓名及简单情况，然后提及面试时间，并对招聘人员表示感谢。感谢信的中间部分要重申你对该公司、该职位的兴趣，增加些对求职成功有用的事实内容，尽量修正你可能留给招聘人员的不良印象。感谢信的结尾可以表示你对自己的素质能符合公司要求的信心，主动提供更多的材料，或表示若有机会愿为公司的发展壮大做出贡献。面试后表示感谢是十分重要的，因为这不仅是礼貌之举，还会使面试官在做决定时对你有印象。据调查，10个求职者往往有9个人不写感谢信，你如果没有忽略这个环节，显得"鹤立鸡群"、格外突出，说不定会使对方改变初衷。

2. 不要过早打听面试结果

在一般情况下，考官组每天面试结束后都要进行讨论和投票，然后送人事部门汇总，最后确定录用人选，这个过程可能需3~5天。求职者在这段时间内一定要耐心等候消息，不要过早打听面试结果。

3. 调整心情，做好充分准备

面试结束后，求职者要调整好自己的心情。因为这虽然是完成了一次面试，但只是个阶段。如果同时向几家公司求职，应全身心地投入其他公司的面试。在未有聘书之前，都不算成功，不应放弃其他面试机会。

4. 查询结果

一般来说，如果在面试两周后或在面试官许诺的通知时间到了，还没有收到对方的答复，就应该联系招聘单位或面试官，询问是否已做出了决定。应聘中不可能个个都是成功者，万一你在竞争中失败了，也不要气馁。这一次失败了，还有下一次面试，就业机会不止一个，关键是必须总结经验教训，找出失败的原因，并针对这些不足重新做准备，"吃一堑，长一智"，谋求"东山再起"。

二、面试行为举止禁忌

1. 忌与旁人唠叨

在接待室恰巧遇到朋友或熟人，就旁若无人地大声交谈，对刚才面试的过程大肆渲染。这是极其不礼貌的表现，而实际上面试官也在暗中观察求职者的其他表现。因此，要特别注意这种行为禁忌。

2. 忌面试时的小动作

做出折纸、转笔、玩弄衣袋或发辫、身体摇摆或抖动等，会显得求职者很不严肃，分散对方注意力。不要乱摸头发、胡子、耳朵，这可能被理解为你在面试前没做好个人卫生。用手捂嘴说话是一种紧张的表现，应尽量避免。

3. 忌犹豫不决

求职者应聘时表现出举棋不定的态度是不明智的。这样容易让招聘者有更多的选择机会，也容易让主考官感到求职者缺乏必要的诚意，是个信心不足的人，甚至怀疑其工作作风与实际能力。

4. 忌"亲友团""情侣档"的陪同

面试时，莫让他人陪同入场。有的求职者在面试时，习惯带上同学或亲戚前往，以消除紧张或给自己当"参谋"。其实这种做法对求职者是不利的。他人在场会使面谈尴尬，也会给主考官留下求职者缺乏自信心、独立性不强的印象，必然会遭到淘汰。

5. 忌不敲门

直接推门而入是一种不礼貌的行为，而且考场内的工作人员可能在统计上一个求职者的分数，这样做会打扰到他们。直接推门而入被考官呵斥出门的现象并不少见。正确做法是：进入考场前，敲三下，敲门力度大小应适中。敲门后要等待考官应答，一般考官会说"请进"，如果没听到考官说"请进"，应等待3秒钟再次敲门，如果仍没有听到考官应答，可以3秒后推门进入。

▶ **案例点拨**

案例1：李娜，女，24岁；专业是法律；面试岗位是文秘。

都说现在工作难找，招聘信息铺天盖地，好岗位却是大海捞针，所以我一开始就把目标定得很低，没想到这也会失败。我大学读的是法律，又有两年医药工作的经验，去应聘一个文秘的岗位，总觉得是十拿九稳的事情，也就没把别的竞争者放在心上。面试当天我把自己的简历熟悉了一遍，也没怎么准备就去了。到了现场一看，已经有几个求职者在了，看样子都经过了一番细心打扮，一个个嘴里念念有词，显然是在温习。看他们那个认真劲儿，我有了竞争的真实感。面试官有两位，看上去都非常严肃，被他们眼睛一盯，我就慌了神，头不由自主地低了下去，事先准备的说辞全忘了，脑子里一片空白。这时候比较年长的面试官让我做自我介绍，我几乎把自己的简历背了一遍，语调就像一根直线，声音也发虚，手又习惯性地去摸头发，一说完我就知道，这回完了。

另一个面试官问我，应聘这个岗位的优势在哪里。这本来是个好机会，只要我把自己的特长、经验说清楚，胜出的概率还是很大的。可偏偏一紧张，平时的那些小动作全出来了，一会儿摸摸头发，一会儿摸摸耳朵，一会儿擦擦鼻子，我都不知道手该往哪儿摆，两位面试官看着我直皱眉头，问了两个问题就叫我出去了。

点拨分析：李娜面试时小动作过多，摸头发、摸耳朵、擦鼻子会显得求职者很不严肃，还可能被理解为你在面试前没做好个人卫生；声音发虚被面试官认为是一种紧张的表现。面试时应注意这些细节问题，调整面试心态，自信从容地应对能提高求职成功率。

案例2：临近毕业，小李去某公司面试，轮到小李面试时，小李直接推门而入，进门后使劲关上了门，把正在喝水的考官吓了一跳，杯中的水也倾撒了出来，这时考官满脸不悦，可想而知小李的面试结果并不如意，最后也没能应聘上。面试礼仪是一个人综合素质的体现，对于面试成绩至关重要。

点拨分析：直接推门而入是一种不礼貌的行为，而且考场内的工作人员可能在统计上一个求职者的分数或喝水稍作休息，这样做会打扰到他们。进门后，应轻轻关门，但注意关门时不要将整个背部正对考官，轻轻侧转身约45°关门即可。

情景体验

体验一：面试后如何争取面试机会

结合任务案例中小李的情况，如果你是小李，面试结束后应该采取哪些措施和方法争取工作的机会？

_____

_____

_____。

体验二：面试后的礼仪运用训练

面试后礼仪运用训练的目标和步骤见表7—3—1所列。

表7-3-1 面试后的礼仪运用训练的目标和步骤

内容	面试后的礼仪运用训练	地点	实训室
目标	（1）了解面试后的礼仪运用 （2）提高问题分析能力、合作能力		
步骤	（1）学生自由组合，3～4人为一组，每人轮流扮演求职者，其余扮演面试官 （2）参考任务案例进行 （3）针对问题，进行讨论 （4）组内互评 （5）教师总结		

思考练习

① 面试后还需要注意哪些礼仪？

② 面试后应不应该主动联系招聘单位？

参 考 文 献

[1] 刘伟. 旅游职业礼仪与交往［M］. 2版. 北京：旅游教育出版社，2022.

[2] 周为民，孙明. 民航乘务员素质培养与形象礼仪［M］. 北京：清华大学出版社，2021.

[3] 朱列文，李薇. 服务礼仪与形体训练［M］. 北京：中国轻工业出版社，2017.

[4] 黄松，李燕林. 餐饮服务与管理［M］. 北京：中国旅游出版社，2019.

[5] 樊平，李琦. 餐饮服务与管理［M］. 北京：高等教育出版社，2019.

[6] 郑莉萍，黄乐艳，蒋艳. 旅游交际礼仪［M］. 北京：航空工业出版社，2018.

[7] 彭粤垚. 礼貌与礼节［M］. 上海：同济大学出版社，2017.

[8] 刘正华，郭伟强. 现代饭店餐饮服务与管理：知识·技能·案例·实训［M］. 北京：旅游教育出版社，2016.

[9] 蔡艳宾. 民航服务礼仪［M］. 上海：上海交通大学出版社，2016.

[10] 杨红颖，王雪梅. 旅游服务礼仪［M］. 重庆：重庆大学出版社，2016.

[11] 梁智栩. 形体训练［M］. 上海：上海交通大学出版社，2015.

[12] 张桂兰. 形体训练［M］. 北京：国防工业出版社，2010.

[13] 姜倩. 商务礼仪［M］. 北京：中国劳动社会保障出版社，2014.

[14] 杜建华，赵年顺. 酒店餐饮服务技能实训［M］. 北京：北京交通大学出版社，2013.

[15] 侯振梅，李德正，庞中燕. 新编现代礼仪实用教程［M］. 长春：东北师范大学出版社，2011.

[16] 江珊珊. 西餐与服务［M］. 北京：清华大学出版社，2011.

[17] 易钟. 做最好的酒店服务员［M］. 广州：广东经济出版社，2011.

[18] 中国就业培训技术指导中心组织编写. 餐厅服务员：初级［M］. 2版. 北京：中国劳动社会保障出版社，2010.

[19] 张秋埜. 酒店服务礼仪［M］. 杭州：浙江大学出版社，2009.

[20] 陈刚平，周晓梅. 旅游社交礼仪［M］. 2版. 北京：旅游教育出版社，2008.

[21] 林染. 让你的谈吐打动人心［M］. 北京：金城出版社，2007.

[22] 夏林根. 旅游服务语言艺术［M］. 太原：山西教育出版社，2003.

[23] 金正昆. 国际礼仪［M］. 北京：北京大学出版社，2005.

[24] 马保奉. 外交礼仪漫谈［M］. 北京：中国铁道出版社，1996.